IEPER YPRES

D/2006/6526/1
ISBN 90-5508-082-9

Verspreiding: Uitgeverij De Klaproos
Vormgeving: Manu Veracx voor B.Ad
E-mail: info@klaproos.be
www.klaproos.be

IEPER YPRES

VOOR, TIJDENS EN NA DE GROTE OORLOG
BEFORE, DURING AND AFTER THE GREAT WAR
AVANT, PENDANT ET APRÈS LA GRANDE GUERRE

SIEGFRIED DEBAEKE

de klaproos

Inleiding

Dit boek toont drie totaal verschillende portretten van één en dezelfde stad.

Aan het begin van de twintigste eeuw zien we Ieper vredig soezen, zonder enige nijverheid of handel van betekenis, afgezien van de vrouwen die van zonsopgang tot zonsondergang kantklosten op de dorpel van hun woning. Toevallige bezoekers keken hun ogen uit op de immense Lakenhallen, één van Europa's grootste burgerlijke gebouwen in gotische stijl.

Eind 1914 brachten Britse en Franse troepen de Duitse opmars enkele kilometers voor Ieper tot staan. Dat bezegelde het lot van de stad. De eerste beschietingen dreven vele burgers op de vlucht, terwijl zij die bleven zagen hoe 'hun' Lakenhallen op 22 november 1914 in brand vlogen. Vanaf april 1915 – de maand van hun eerste gasaanval – deden de Duitsers Ieper op haar grondvesten daveren met Dikke Bertha's die granaten van bijna een ton afvuurden. Het leven in Ieper werd onhoudbaar en op 9 mei 1915 viel het Britse verdict: ook de laatste burgers moesten de stad verlaten. Van dan af schuilden enkel nog militairen in de belegerde stad. Meer dan drie jaar lang waren de huizen en monumenten vogelvrij en vormden ze het mikpunt van de vijandelijke artillerie. Na duizenden explosies bleef van het stille, innemende stadje uiteindelijk alleen een woestenij over. Ieper was tot nagenoeg onherkenbaar puin vergaan.

Na het drama van Ieper volgde het wonder. De burgers die terugkwamen gingen meteen, samen met arbeiders uit het binnenland, aan de slag met schoppen en houwelen. Even was er wel sprake van geweest om het centrum, op vraag van de Britten, in ruïne te laten liggen. Daar hadden de Ieperlingen echter geen oren naar. Zij zorgden ervoor dat de stad, onder het oog van bedevaarders en toeristen, een nieuwe geboorte beleefde. Eerst werden voorlopige noodwoningen opgericht. Vervolgens verrees de stad als een kopie van het vooroorlogse Ieper. Door deze onstuitbare heropbouw herkenden de oud-strijders van de Ypres Salient al vlug 'hun' Ieper niet meer. Het puin van de oorlogsstad was immers verdwenen.

Liefst 250 foto's onthullen het Ieper van voor, tijdens en na de Grote Oorlog. Tientallen Belgische, Franse, Engelse, Amerikaanse en Duitse auteurs kleuren dit boeiende beeldverhaal verder in. Met indringende getuigenissen typeren zij de stad, haar bewoners en haar bezoekers. De beelden en teksten vormen samen één van de meest fascinerende boeken ooit over een stad gemaakt: een stad, namelijk, met drie totaal verschillende gezichten.

Introduction

This book offers three very different portraits of the same town.

At the beginning of the 20th century, we see an Ypres that is peaceful and 'dormant', with no trade to speak of, except for the bobbin lace that the women made, sitting on their doorsteps from dawn until dusk. Accidental visitors were awe-struck by the enormous Cloth Hall, one of the largest civil buildings in the Gothic style in Europe.

By the end of 1914, British and French troops stopped the German advance a few miles before Ypres, which sealed the town's fate. With the first shellings, many citizens fled; while those who stayed behind witnessed 'their' Cloth Hall go up in flames on 22 November 1914. From April 1915 – the month of the first gas attacks – the town trembled on its very foundations under the barrage of the German guns: Big Berthas firing 2,200-pound shells. Life in Ypres became untenable, and 9 May 1915 saw the British verdict ordering all civilians to leave. From that moment on, only British troops still sought shelter in the besieged town. For over three years, the houses and monuments were fair game and targets for the enemy artillery. After thousands of explosions, the quiet, charming town was nothing but a wasteland. Ypres had been turned into a practically unrecognizable ruin.

The tragedy of Ypres was followed by a miracle. The people returning immediately began the reconstruction; with shovels and pick-axes and the manpower of added workers from the inland. At some point there was talk of leaving the ruins of the city centre untouched – a request made by the British – but the 'Yprians' wouldn't hear of it. They made sure the town would have its rebirth, under the eyes of pilgrims and tourists alike. First, provisional emergency homes were erected. Later, the city rose again as a copy of its pre-war version. Because of this unstoppable reconstruction, veterans of the Salient were soon unable to recognize 'their' Ypres any more: the rubble that made up the wartime town had disappeared.

No less than 250 photographs reveal these three aspects of Ypres: how it appeared before, during, and after the Great War. Dozens of authors from Belgium, Great Britain, the United States, and Germany add a colourful touch to this illustrated history. With their captivating stories, these witnesses paint a poignant picture of the city, its inhabitants, and its visitors. Combined, these texts and images result in one of the most fascinating books ever published on the history of a single town: in this case, one town with three very different faces.

Préface

Ce livre montre trois portraits totalement différents d'une seule et même ville.

Au début du 20ème siècle, nous voyons Ypres somnoler en paix, sans industrie ou commerce d'importance, exception faite pour les dentellières qui travaillaient du matin au soir sur le seuil de leur maison. Les visiteurs accidentels ne détachaient pas les yeux de l'immense Halle aux draps, un des plus grands bâtiments civils d'Europe en style gothique.

Fin 1914, les troupes britanniques et françaises arrêtaient l'avance des Allemands à quelques kilomètres d'Ypres. Cet événement a scellé le sort de la ville. Alors que les premières canonnades mettaient les citoyens en fuite, ceux qui restaient ont vu «leur» Halle aux draps prendre feu le 22 novembre 1914. Les Allemands ont fait trembler Ypres sur ses fondations à partir du mois d'avril 1915 – le mois de leur première attaque au gaz – avec les grosses Berthas qui lançaient des grenades d'à peu près une tonne. La vie à Ypres devenait insoutenable et le verdict britannique est tombé le 9 mai 1915: les derniers citoyens devaient eux aussi quitter la ville. À partir de ce moment, seuls des militaires britanniques s'abritaient encore dans la ville assiégée. Pendant plus de trois ans, les maisons et les monuments ont été la cible de l'artillerie ennemie incessante. Après des milliers d'explosions, cette ville tranquille et charmante n'était plus qu'un lieu dévasté. Ypres était transformée en décombres à peu près méconnaissables.

Après avoir vécu le drame, Ypres a connu le miracle. Les citoyens qui revenaient se sont immédiatement mis au travail avec des pelles et des pioches, aidés en cela par des ouvriers venus de l'intérieur du pays. À un certain moment, il a cependant été question à la demande des Britanniques de laisser le centre-ville en ruine. Mais les Yprois ne l'entendaient pas de cette oreille. Sous le regard des pèlerins et des touristes, ils ont permis à la ville de renaître de ses cendres. Des logements provisoires ont d'abord été construits. La ville est ensuite ressuscitée comme une copie exacte de l'Ypres d'avant-guerre. En raison de cette reconstruction implacable, les anciens combattants du Saillant ne reconnaissaient rapidement plus «leur» Ypres. Les décombres de la ville en guerre avaient disparu.

Non moins de 250 photos révèlent les trois visages d'Ypres: avant, pendant et après la Grande Guerre. Des dizaines d'auteurs belges, français, anglais, américains et allemands illustrent ce récit. Par leurs témoignages poignants, ils caractérisent aussi bien la ville, que ses habitants et ses visiteurs. Les images et les textes constituent ensemble l'un des livres les plus fascinants qui n'aient jamais été faits sur une ville: c'est-à-dire une ville avec trois visages totalement différents.

voor
before
avant

1914

IEPER YPRES

Het Minneplein voor de oorlog
The Love's Place before the war
La Plaine d'Amour avant la guerre

De Menenpoort, ± 1904
The Menin Gate
La Porte de Menin

De Rijselpoort, ± 1900
The Lille Gate
La Porte de Lille

‹ THE TOWN BEHIND DEEP MOATS EMBOSSED WITH LILIES ›

Of the ancient ramparts of the seventeenth century, there yet remain some vestiges at the south and east of the town, making with deep moats embossed with lilies a most picturesque frame of the old town - ancient ramparts upon which grow large trees in which rooks nest, and over which one may see the towers and the red roof tops of the houses. One of the ancient gates is found between two round towers and is called the Porte de Lille, and there are silent, small streets winding between picturesque old houses whose corners are ornamented by scrolls, and occasionally the statue of the Virgin in a niche before which burns a lighted lamp hanging from an iron arm over the streetway; streets zigzagging between the high stuccoed walls of hidden gardens, and an occasional small chapel or cemetery filled with tall iron crosses bedecked with tattered and often rusty wire-beaded wreaths.

George Wharton Edwards. *Some old Flemish Towns.* London: Gay & Hancock, 1911.
George Wharton Edwards (1869-1950) was an American impressionist painter and illustrator, and author of several books on travel and historical subjects.

Van de vestingen die dateren uit de zeventiende eeuw resten er ten oosten en zuiden van de stad nog enkele sporen. Ze vormen samen met de met waterlelies bedekte grachten de pittoreske omlijsting van de historische stad. Het is van over deze oude verdedigingswerken met hoge bomen, waarin kraaien nestelen, dat we de torens en de rode daken van de huizen zien prijken. Eén van de oude stadspoorten ligt tussen twee ronde torens en wordt de Rijselpoort genoemd. Stille, smalle straatjes kronkelen tussen schilderachtige oude huizen. Op sommige hoeken prijkt een Mariabeeld in een nis waarvoor een lamp brandt die met een ijzeren arm over de straat hangt. De straten zigzaggen tussen de hoge bepleisterde muren met daarachter verborgen tuinen, of een toevallige kapel, of een begraafplaats vol met grote ijzeren kruisen en afgetakelde en veelal verroeste kransen.

Des remparts du 17ème siècle il reste encore, à l'est et au sud de la ville, quelques vestiges qui offrent, avec des fossés couverts de lis, un cadre plus que pittoresque à l'ancienne ville. De ces remparts aux grands arbres, où nichent des corbeaux, on aperçoit les tours et les toits rouges des maisons. De la Porte de Lille, une des anciennes portes entre deux tours rondes, serpentent des ruelles silencieuses et étroites entre de vieilles maisons pittoresques dont les angles sont parfois ornés d'une statue de la Vierge dans une niche qu'illumine une lampe en fer forgé surplombant la rue. Les rues zigzaguent entre les hauts murs en stuc de jardins cachés, d'une petite chapelle fortuite ou d'un cimetière rempli de grandes croix de fer couvertes de couronnes cabossées et le plus souvent rouillées.

De Rijselpoort, ± 1900
The Lille Gate
La Porte de Lille

‹ EEN BREDE, VEELBELOVENDE STRAAT ›

De Lakenhallen en het Nieuwerck, ± 1900
The Cloth Hall and the Nieuwerck
Les Halles et le Nieuwerck

Ik stond oog in oog met een grote rij van oude en in verval geraakte, maar nog steeds stevige en robuuste muren. Een grote brug leidt naar een brede, veelbelovende straat met knappe gebouwen. Maar vreemd genoeg zag ik niet één enkele taxi, restaurant of hotel. Er viel zelfs nauwelijks een levende ziel te bespeuren, op een paar landlui in hun werkkiel na. Het was allemaal doods!
Ik stapte verder tot ik op het einde plots het reusachtig uitgestrekte marktplein bereikte, waar ik letterlijk sprakeloos stond. Daar kreeg ik de meest indrukwekkende aanblik ooit. Het was gewoonweg verbijsterend. Aan mijn linkerkant lag de immense stadshalle, met een lange reeks van ontelbare bogen en vensters en het dak bezaaid met kapelletjes. Het gebouw was zo groots, zo volumineus dat het wel een leger kon huisvesten.

‹ De Rijselsestraat, ± 1900
The Lille Street
La rue de Lille

A grand sweep faced me of old walls, rusted, but stout and vigorous, with corner towers rising out of a moat. Then came a spacious bridge leading into a wide, encouraging-looking street of sound handsome houses. But, strangely, not a single cab, restaurant, or hotel – nay, hardly a soul to be seen, save a few rustics in their blouses! It was all dead!
I walked on, and at an abrupt turn emerged on the huge expanse of the market place, and was literally dumbfounded. Now, of all the sights that I have ever seen, it must be confessed that this offered the greatest surprise and astonishment. It was bewildering. On the left spread away, almost a city itself, the vast, enormous town hall – a vista of countless arches and windows, its roof dotted with windows, and so deep, expansive, and capacious that it alone seemed as though it might have lodged an army.

Percy Fitzgerald. *A Day's Tour.* London: Chatto and Windus, 1887.
Percy Fitzgerald (1830-1925), Irish writer.

Je faisais face à une longue rangée de vieux murs délabrés, mais solides et robustes. Ensuite venait un grand pont menant vers une rue large et accueillante bordée de grandes maisons bien proportionnées. Mais, étrangement, pas un taxi, pas un restaurant, pas un hôtel, non, quasiment personne, sauf quelques campagnards en blouses de paysan! Tout était mort!
Je continuais et m'arrêtai, médusé, lorsqu'apparut brusquement au coin d'une rue une immense place. Je dois avouer que, de tous les panoramas que je n'aie jamais vus, celui-ci était de loin le plus surprenant et le plus merveilleux. C'était déroutant. À gauche s'étendait l'immense hôtel de ville, presque une ville en soi, aux innombrables voûtes et fenêtres, le toit parsemé de lucarnes. Il était si vaste, si étendu, qu'il semblait pouvoir abriter toute une armée.

‹ KWEBBELENDE VROUWENSTEMMEN ›

Zaterdagmarkt in Ieper, ± 1910
Saturday market in Ypres
Marché du samedi à Ypres

Een drukke marktdag voor de Lakenhallen, ± 1910
A busy market day in front of the Cloth Hall
Un jour de marché animé devant les Halles

But it is to the Grand Place that one instinctively turns, one of the finest and largest in all Flanders, nearly always empty and deserted. It is only on market days that it awakens to life and movement. Then this entire vast square is filled with great heavy-wheeled carts somewhat like our old prairie 'schooners', and long lines of canvas-covered stalls filled with merchandise dear to the peasants. Early in the morning, they begin to arrive on these days, and there is clattering of wooden-shod feet, and the chattering of women's voices, punctuated by the barking of the savage-looking Flemish dogs, which are harnessed two and three abreast to some of the green wagons.

George Wharton Edwards. *Some old Flemish Towns.* London: Gay & Hancock, 1911.
George Wharton Edwards (1869-1950) was an American impressionist painter and illustrator, and author of several books on travel and historical subjects.

De Grote Markt trekt ons instinctief aan. Het is één van de schoonste en grootste in Vlaanderen, maar nagenoeg steeds leeg en verlaten. Enkel op marktdagen ontstaat er leven en beweging. Het hele plein is dan gevuld met zware karren die niet veel verschillen van onze 'huifkarren' die we kennen van de prairie en lange rijen kramen en stalletjes waar boeren en boerinnen hun waren te koop aanbieden. Reeds vroeg in de morgen heerst er een drukte van jewelste, klepperen klompen op de straatstenen en weerklinken kwebbelende vrouwenstemmen, overstemd door het geblaf van de wild om zich heen kijkende honden, die met twee of drie naast elkaar voor een kar zijn ingespannen.

Mais c'est vers la Grand Place que l'on se sent instinctivement attiré, l'une des plus jolies et des plus vastes de toute la Flandre, presque toujours vide et désertée. Ce n'est que lors des jours de marché qu'elle s'éveille et s'anime. Alors, cette énorme place est pleine de grandes roulottes bâchées, peu différentes de celles qu'on voit dans nos prairies, et de longues rangées d'étals couverts de marchandises. Tôt le matin, ils arrivent. On entend le claquement des sabots et le bavardage des femmes que recouvrent les aboiements de bergers des Flandres au regard sauvage, attelés à quelques unes des charrettes vertes en rangs de deux ou trois.

‹ IN THE MIDST OF HER CABBAGES, CARROTS AND POMMES DE TERRE ›

De Lakenhallen: de overdekte groentenmarkt, ± 1910
The Cloth Hall: the covered vegetable market
Les Halles: le marché couvert aux légumes

Ypres contains the rarest monument to the people, I think, that all Europe possesses, namely, a hall, or market. Formerly it was used for cloth in the days of the Counts of Flanders. Now, and for many years past, it is the common market. This is one of the most imposing buildings I have ever seen. (...)
It is sad to see these old cities like Ypres and Bruges, their glory centuries buried, their prosperity forever gone, clinging to the hope that life will come again, that once more the world must come to them and their power will gain and grow until they stand again where they once were. Yet this is the firm belief of any old or young citizen (who remains there) with whom you talk the matter over. (...)
But the town is beautiful and the quaint peasant sitting in the midst of her cabbages, carrots and pommes de terre, makes a fitting picture within the hall, forever free to sell her wares, and in contrast, a happy one, to the procession of nobles that lines the outer walls. Silent watchdogs they seem now over the tomb of Flanders past.

Mme. Hanken-Parker. 'From Lille to Ypres', in *The New York Times*, 3 September 1900.

Ypres — Les Halles II. Le marché couvert.

Ieper bezit het zeldzaamste profane monument van heel Europa, denk ik, namelijk een halle of markt. Vroeger, ten tijde van de graven van Vlaanderen, diende het voor de lakenhandel. Nu fungeert het sinds vele jaren als openbare markt. Het is één van de meest imposante gebouwen die ik ooit heb gezien. (...)
Het is triest om vast te stellen dat oude steden zoals Ieper en Brugge, met hun vergane glorie en welvaart, zich vastklampen aan de hoop ooit weer eens aan macht en aanzien te zullen winnen en zo opnieuw de positie van weleer te heroveren. Niettemin is dit het vaste geloof van om het even welke plaatselijke burger, jong of oud. (...)
Toch blijft Ieper een knappe stad en zorgt de curieuze boerin te midden van haar kolen, wortelen en aardappelen voor een prachtig tafereel in de hal, waar ze vrij en ongestoord haar waren mag verkopen. Het biedt zelfs een leuke noot tegenover de galerij van edelen die de muren siert. Ze lijken wel stille waakhonden bij het graf van Vlaanderens verleden.

Ypres contient le monument civil le plus rare, je crois, que l'Europe possède, à savoir, une halle ou marché couvert. À l'époque des comtes de Flandres, il servait au commerce du drap. De nos jours, et depuis des années déjà, c'est le marché municipal. C'est un des bâtiments les plus imposants que j'aie jamais vus. (...)
Il est triste de voir comment d'anciennes villes telles qu'Ypres et Bruges, leur gloire enterrée, leur prospérité à jamais disparue, s'accrochent à l'espoir que la vie reviendra, qu'à nouveau, le monde viendra à eux et que leur puissance renaîtra et grandira jusqu'à ce qu'elles retrouvent le rang qui fut le leur. C'est ce que croit n'importe quel citoyen jeune ou âgé (qui vit toujours là-bas) avec qui on en discute. (...)
Mais la ville est jolie et la curieuse paysanne assise au milieu de ses choux, carottes et pommes de terre, est bien assortie à la halle, à jamais libre de vendre ses marchandises; une note positive qui dément la procession des nobles ornant les murs extérieurs, gardiens silencieux du tombeau du passé de la Flandre.

‹ UNE CHÂTELAINE QUI GARDE ENCORE SON CHÂTEAU ›

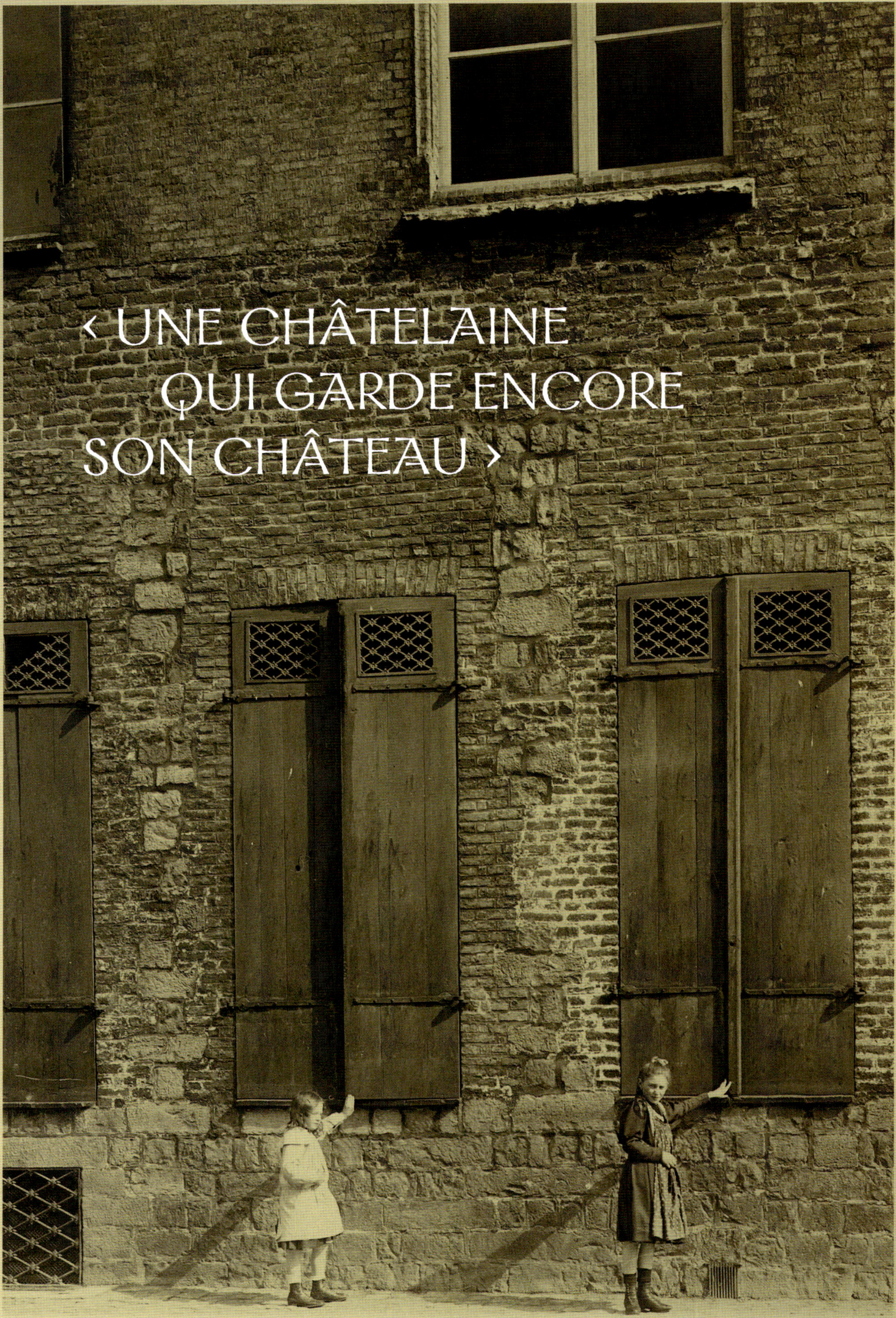

Het Vleeshuis op de Neermarkt, ± 1900
The Butcher's Guildhouse on the Neermarkt
La Boucherie sur le Marché bas

Je ne me suis pas trouvé dépaysé dans cette ville, habitée par une très vieille bourgeoisie, par des familles de haute et de petite noblesse. De jeunes officiers, appartenant à une école de cavalerie, y sont établis. Des détachements de soldats font l'exercice sur un champ de manœuvre, près des glacis des anciennes fortifications.
La ville gothique et marchande s'est transformée, tout en devenant plus petite et moins opulente. On peut s'habituer à cette métamorphose, à ce déclin à demi dissimulé ; et, en somme, Ypres n'a point tout perdu. Elle ressemble à une châtelaine qui n'a plus sa puissance, mais qui garde encore son château.

Antony Valabrègue. *Au Pays Flamand*, Tours, ca. 1905.
Antony Valabrègue (1844-1900), poète et critique d'art, ami de jeunesse de Zola, était également un proche de Paul Cézanne.

Ik voel me niet ontheemd in deze stad, waar zeer oude burgerij en adellijke families wonen. Ook jonge officieren, van een cavalerieschool, zijn er gevestigd. Groepjes soldaten oefenen op een terrein dicht bij de hellingen van de oude vestingen.
De gotische en commerciële stad is niet meer dezelfde van weleer: ze is kleiner en heeft een stuk welvaart prijsgegeven. Men kan wel wennen aan deze metamorfose, aan dit half verdoken verval, want uiteindelijk heeft Ieper niet alles verloren. De stad lijkt op een kasteelvrouw die haar macht kwijtgespeeld is, maar haar kasteel kon behouden.

I don't feel homeless in this town, inhabited by a very old bourgeoisie and by noble families. Young officers, belonging to a cavalry school, are established here as well. Groups of soldiers are exercising on a drill-ground near to the slopes of the ancient ramparts.
The gothic and commercial town has transformed itself by becoming smaller and less wealthy. One can get accustomed to this metamorphosis, to this half dissimulated decline, and, in fact, Ypres hasn't lost it all. It resembles the lady of a castle who lost her power but maintained her estate.

‹ Aan de noordzijde van de Lakenhallen, ± 1900
On the north side of the Cloth Hall
Du côté nord des Halles

PARNASSUS-HOF.

‹ De Sint-Maartenskerk gezien van op het Vandenpeereboomplein, ± 1900
The St. Martin's Church, seen from the Vandenpeereboom Square
L'église Saint Martin vue de la Place Vandenpeereboom

Het Vandenpeereboomplein: feestelijke ontvangst
van ere-burgemeester Arthur Surmont de Volsberghe
als minister, 22 september 1900

The Vandenpeereboom Square: reception to honour
the appointment of the honorary burgomaster,
Arthur Surmont de Volsberghe, as Minister

La Place Vandenpeereboom: réception du bourgmestre
honoraire Arthur Surmont de Volsberghe comme ministre

De Sint-Maartenskerk gezien vanuit de Elverdingsestraat, ± 1895
The St. Martin's Church, seen from the Elverdinge Street
L'église Saint Martin vue de la rue d'Elverdinge

A L
CONC

De herberg *Au Café des Bouchers* op de hoek van de Oude Veemarkt en de Slachthuisstraat, 1911

The inn *Au Café des Bouchers* on the corner of the Old Cattle Market and the Slachthuis Street

Le bistrot *Au Café des Bouchers* au coin du Vieux Marché au Bétail et de la rue de l'Abbatoir

‹ Op de hoek van het Nieuwerck en de herberg *In 't Klein Stadhuis*, ± 1900
On the corner of the Nieuwerck and the inn *A la Petite Concièrgerie*
Au coin du Nieuwerck et du bistrot *A la Petite Concièrgerie*

‹ De Lange Meersstraat, ± 1910
The Lange Meers Street
La rue Longue du Marais

De Lange Meersstraat, ± 1910 1
The Lange Meers Street
La rue Longue du Marais

De Godelievestraat, 1911 2
The Godelieve Street
La rue Godelieve

De Surmontstraat, ± 1910 3
The Surmont Street
La rue Surmont

‹ DE ZIEL VAN VROEGER' DAGEN ›

De Tuindagprocessie in de Lange Torhoutstraat, ± 1900

The procession of Our Lady of Tuine in the Lange Torhout Street

La procession du Tuindag dans la rue Longue de Thourout

On either hand are Gothic facades of stone, or yellow and red brick with time-worn cartouches and sculptured figures, exquisitely wrought doorways, and lintels carved in wood, which should be in museums. Some of the smaller houses are out of the perpendicular and have projecting upper stories. Pointed vaulted gateways open upon quaint inner courts; rows of quaint gables with zigzags breaking the sky-line are on either side. The soul of bygone days seems to live in these curious old houses, and this impression is enforced by the strange solitude and silence broken only by our own footsteps.

George Wharton Edwards. *Some old Flemish Towns.* London: Gay & Hancock, 1911.
George Wharton Edwards (1869-1950) was an American impressionist painter and illustrator, and author of several books on travel and historical subjects.

Aan beide zijden zie ik gotische gevels in steen, of gele en rode bakstenen met versleten sierlijsten en gebeeldhouwde figuren, prachtig vervaardigde deuropeningen en in hout gesneden balken die in een museum thuishoren. Enkele kleinere huizen hellen uit de loodlijn en hebben bovenverdiepingen die vooruitspringen. Poorten met puntgewelven geven uit op ouderwetse binnenkoeren.
De ziel van vroeger' dagen lijkt in deze merkwaardige oude huizen voort te leven, en deze indruk wordt versterkt door de stilte en eenzaamheid die enkel door onze eigen voetstappen wordt verstoord.

Il y a, de chaque côté, des façades gothiques en pierre ou en briques jaunes et rouges avec d'anciennes cartouches et figures sculptées, des embrasures de porte exquises, des poutres de bois taillées, qui auraient toutes leur place dans un musée. Quelques unes des maisons les plus petites ne tiennent plus tout à fait droit et leurs étages supérieurs forment une saillie. Des portes avec des voûtes en ogive donnent sur de curieuses cours intérieures, tandis que des rangées de pignons zigzagantes impriment de part et d'autre leurs profils sur le ciel.
L'âme du passé semble habiter ces vieilles demeures curieuses, une impression que renforce cette étrange solitude silencieuse, interrompue seulement par nos propres pas.

‹ De hoek van de Korte Torhoutstraat en de Kauwekijnstraat, 1911
The corner of the Korte Torhout Street and the Kauwekijn Street
Le coin de la rue Courte de Thourout et de la rue du Corbeau

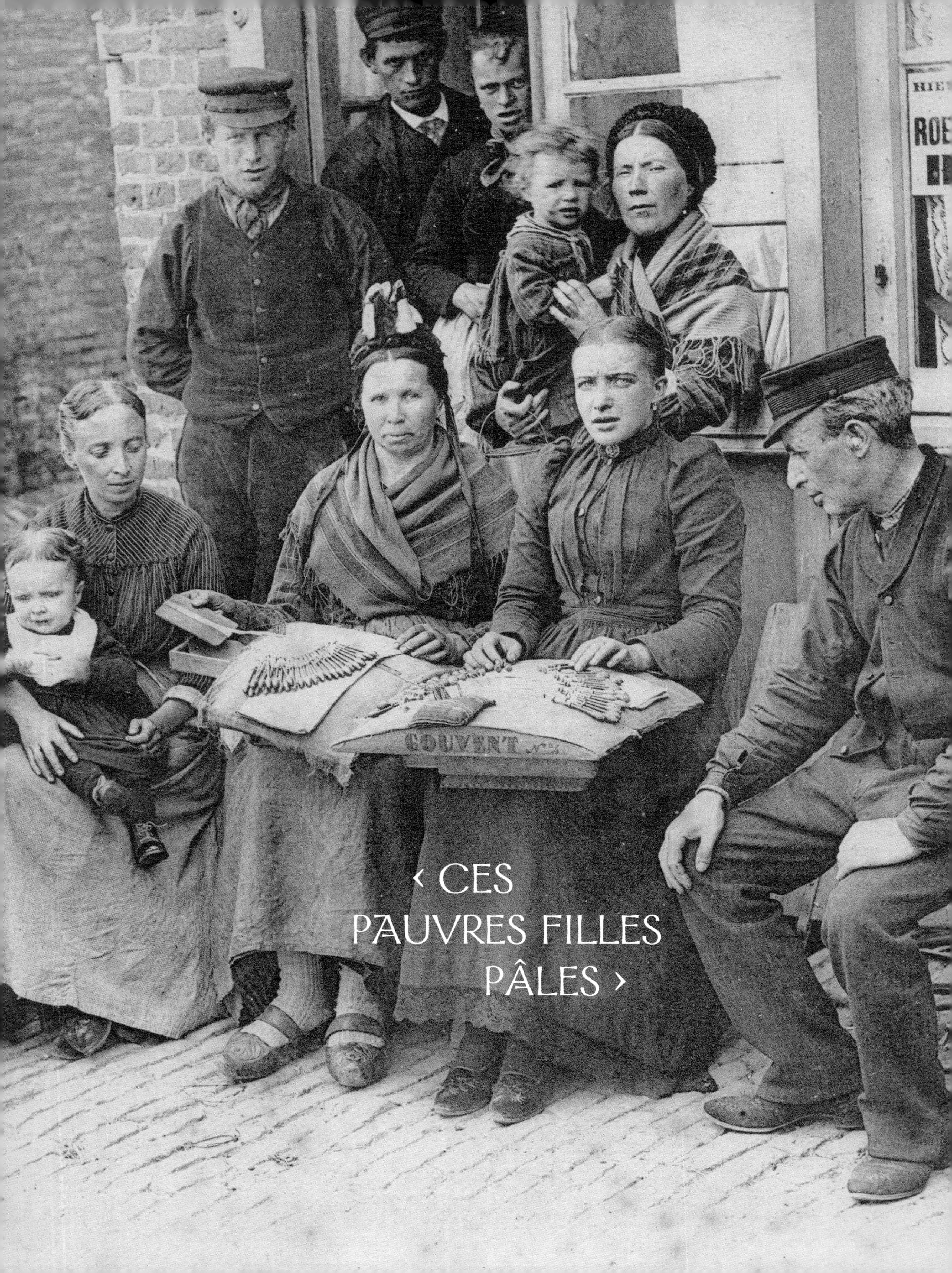

‹ CES PAUVRES FILLES PÂLES ›

Vandaag telt Ieper, een provinciestad, op haar grondgebied geen andere industriële activiteit dan het kantklossen. Het is een bezigheid die nauwelijks iets opbrengt. Door noeste arbeid kan men juist genoeg verdienen om niet van honger om te komen.
Niets is boeiender, en tegelijk weemoediger, dan in afgelegen straten die arme, ziekelijk bleke en voortijdig kromgegroeide meisjes te zien zitten op de dorpel van hun huis, gebukt over een kantkussen, verdiept in hun monnikenwerk. Onophoudelijk werken hun vingers tegen een koortsachtige snelheid. Van zonsopgang tot zonsondergang maken ze in alle stilte broze pareltjes, die doorgaan voor het fijnste kantwerk van gans België.

Aujourd'hui, Ypres, ville secondaire, ne compte plus sur son sol d'autre production industrielle que la fabrication des dentelles, profession peu lucrative s'il en fut, et dans laquelle un travail acharné rapporte juste de quoi ne pas mourir de faim.
Rien n'est à la fois plus intéressant et plus mélancolique, que de voir, dans les ruelles écartées, ces pauvres filles pâles, chétives, maladives et voûtées avant l'âge, assises au seuil de leurs maisons, penchées sur leur coussin de travail, absorbées par leur ouvrage d'écureuil, faisant agir leurs doigts sans relâche avec une rapidité fébrile, et, du lever au coucher du soleil, tissant en silence ces délicates merveilles, qui passent pour les plus fines dentelles de toute la Belgique.

Henry Havard. *La Flandre à vol d'oiseau*, Paris, Georges Decaux, 1883.
Henry Havard (1838-1921) était un historien d'art français internationalement renommé.

Today, Ypres, a secondary town, knows on its territories no other industrial activities but the hardly rewarding occupation of pillow lace-making. Hard toil will raise barely enough to avoid death by starvation. Nothing is more fascinating, yet at the same time more melancholy, than seeing these impoverished, sickly white and prematurely bent girls sitting on the stoops of their homes in the little out-of-the-way streets, hunched over their lace pillows, absorbed in their monkish chores. Incessantly their fingers labour at feverish speeds and from dawn till dusk they sit in silence, manufacturing these fragile gems that will pass as the finest lacework of the whole of Belgium.

Tante Lucie
Aunt Lucie
Tante Lucie

‹ Kantklossters op straat, ± 1900
Dentellières dans la rue
Lace-workers on the street

AU NOUVEAU S^T MEDARD
PEINTRE
CANNES

IJzervlechter, slot- en stovenmaker Bruynsteen in de D'Hondtstraat

Steelbender and locksmith Bruynsteen in de D'Hondt Street

Serrurier Bruynsteen dans la rue des Chiens

Werklieden en kleinburgers waren hier zoals ze overal elders zijn, naarstige mensen, tevreden met hun dagelijks brood, en die leefden van hun dagloon, of uit kleine winkeltjes kleine waren verkochten tegen groot geld. Ze leefden immers allen van malkanders klandizie en de bakker ontving nog 's avonds, voor zijn brood, hetzelfde geld dat hij 's morgens bij de beenhouwer had uitgegeven. De mensen leefden rustig en zonder overdreven behoeften binnen het beluik van de grijze vestingmuren en vulden de kleine kronkelstraatjes, zoals deze sedert honderden jaren waren gevuld met een kakelbonte bevolking, mannen, vrouwen en kinderen, die uit en in de kleine deurposten wemelden, zoals de mieren aan de mond van hun nest; nog zo echt en zo Vlaams als het middeleeuwse baksteen van de stadswallen.

Caesar Gezelle, *De Dood van Yper*. Amsterdam, L.J. Veen, 1916.
E.H. Caesar Gezelle (1875-1939) werd in juli 1913 aangesteld tot kapelaan van de Sint-Maartensparochie.

Travailleurs et petit-bourgeois étaient comme partout ailleurs des gens assidus, satisfaits de leur pain quotidien, vivant de leur paie quotidienne ou de la recette de petits magasins vendant des marchandises de tous les jours à prix d'or. Ils étaient en effet leurs propres clients et le boulanger recevait le soir, pour son pain, ces sous qu'il avait payés le matin même chez le boucher. Les gens vivaient tranquillement et sans besoins excessifs à l'intérieur des remparts d'antan et remplissaient les ruelles sinueuses comme ils le faisaient depuis des centaines d'années d'une foule bariolée d'hommes, de femmes et d'enfants. Ils passaient par les portes de la ville comme des fourmis au sortir de leur fourmilière; un tableau aussi vrai et flamand que la brique médiévale des remparts communaux.

Workers, and those from the lower middle class, were, here as elsewhere, diligent people, satisfied with their daily bread and living on their day's pay or through small shops, selling small items for big money. They lived indeed from each other's custom and in the evening, the baker received for his bread the money he spent in the morning at the butcher's. People lived quietly within the ancient ramparts with no excessive needs and filled the little winding streets, as they have done for hundreds of years, with a motley population: men, women and children, swarming in and out of the gateposts, like ants at the mouth of their hill. It is all so utterly real and Flemish as are the medieval bricks of the town's ramparts.

‹ Parapluwinkel in de Korte Torhoutstraat

Umbrella Shop in the Korte Torhout Street

Magasin de parapluie dans la rue Courte de Thourout

‹ KLEINE WAREN IN KLEINE WINKELTJES ›

1 2
3

1 De Oude Veemarkt, ± 1900
The Old Cattle Market
Le Vieux Marché au Bétail

2 De Meensestraat, ± 1900
The Menin Street
La rue de Menin

3 De Surmontstraat, ± 1900
The Surmont Street
La rue Surmont

‹ EEN EEUWIGE ZONDAGNOEN ›

Wanneer men door de lange brede straten, recht en evenwijdig lopend als kanalen, Ieper binnenkwam en voor de grijze massieve hallen het plein van de Grote Markt zag opengaan, dan kreeg men de indruk van een dode, ontvolkte stad.
Het was er een eeuwige zondagnoen. Het volk leek binnenshuis, of op de buiten, en pas dan voelde men de ruimte en de leegte van de vlakuitliggende kasseiing, tussen de stomme gevels en de doelloze monumenten.
Deze stad stemde niet meer overeen met het huidige rustige bestaan van haar veertienduizend zielen. Ooit woonden hier tweehonderdduizend poorters binnen haar versterkte wallen en weefden vierduizend getouwen de kostbare bruine Ieperse stoffen, die over heel West-Europa verhandeld werden.

Jozef Muls (1882-1961), 'De dood van Yperen' in *De gruweljaren. Steden en landschappen.* Bussum, C.A.J. Van Dishoeck, 1916.
Jozef Muls (1882-1961), eminent kunstcriticus en essayist, conservator van het Museum van Schone Kunsten te Antwerpen, doceerde kunstgeschiedenis, o.m. aan de Leuvense universiteit.

Quand on rentrait dans Ypres par ses rues parallèles, larges et longues, et que l'on voyait apparaître la Grand Place devant les halles massives et grises, on avait l'impression de se trouver dans une ville morte et dépeuplée, une sorte d'éternel dimanche après-midi. On aurait pu penser que les gens étaient à l'intérieur des maisons ou bien à la campagne et c'est alors que l'on ressentait l'espace et le vide des pavés plats, des façades muettes et des monuments inutiles. Cette ville ne ressemblait pas à celle où vivent aujourd'hui quatorze mille âmes. Elle restait, sans changement de taille ni d'apparence, ce qu'elle avait été autrefois, quand deux cents mille bourgeois vivaient à l'intérieur de ses remparts et que quatre mille métiers tissaient ces précieuses étoffes brunes d'Ypres que l'on s'échangeait à travers toute l'Europe occidentale.

On entering Ypres by way of its broad long streets, parallel to each other like canals, and seeing the square of the Grand Place emerge before the grey massive halls, one got the impression of an empty, dead city.
It was an everlasting Sunday afternoon. The people seemed to be indoors or in the country, and that was when one became aware of the space and emptiness of the flat pavement, mute facades and useless monuments.
This city no longer corresponds to the quiet existence of the fourteen thousand souls who live there today. It has remained, without increasing or diminishing in size or appearance, what it was when two hundred thousand burghers lived within its ramparts and four thousand looms wove those precious brown Yprian fabrics that were traded all across Western Europe.

‹ De binnenkoer van het huis Donck, Grote Markt
Backyard of the House Donck, Market Square
Cour de la Maison Donck, Grand Place

1
2
3

Interieur van herberg *Au Café des Bouchers* op de hoek van de Oude Veemarkt en de Slachthuisstraat 1

Interior of the inn *Au Café des Bouchers* on the corner of the Old Cattle Market and the Slachthuis Street

Intérieur du bistrot *Au Café des Bouchers* au coin du Vieux Marché au Bétail et de la rue de l'Abbatoir

Op het kasteel Iweins, ± 1900 2

At the Iweins Castle

Au château Iweins

De club der herdershonden 'Berger Club', ± 1900 3

The shepherd dog club 'Berger Club'

Le Berger Club Yprois

‹ Op het Esplanadeplein, 1910
On the Esplanade
Sur l'Esplanade

Ieperlingen zien vanop de brug over de Rijselpoort hoe de oorlog nadert, oktober 1914
Citizens of Ypres see the approaching war from the bridge over the Lille Gate
Des citoyens d'Ypres voient la guerre s'approcher sur le pont de la Porte de Lille

SEPTEMBER 1914

Geen dag meer, van nu voort, of hij bracht zijn nieuwigheid en vele Ieperlingen leefden letterlijk op de straat, veel meer dan in hun huizen. Ze werkten niet meer, wandelden bij groepjes straat uit, straat in: de onrust dreef hen hun huizen uit. Toen ze op straat waren, gingen ze al pratend van de Menenpoort over de vesten naar de Rijselpoort, van daar naar de Kalfvaart en 't Brielenhoekje, kwamen weer de Menenpoort binnen, slenterden naar de gendarmerie, trokken naar de kazerne en herbegonnen hun ommegang. Sommigen vergaten erbij dat ze moesten eten. Maar de opoffering die ze brachten aan hun nieuwsgierigheid werd in ruime mate vergoed: ze zagen alles, ze wisten alles, soms nog meer dan er werkelijk voorviel.

Caesar Gezelle, *De Dood van Yper*. Amsterdam, L.J. Veen, 1916.
E.H. Caesar Gezelle (1875-1939) werd in juli 1913 aangesteld tot kapelaan van de Sint-Maartensparochie.

There would be no day, from now on, that did not bring something new, and many of Ypres' citizens lived literally on the street, rather than in their houses. They no longer worked, walking in little groups, street in, street out: restlessness drove them out of their homes and, once on the street, talking as they went, they passed from the Menin Gate to the Lille Gate, over the ramparts, and from there to the Kalfvaart and the Brielenhoekje, came back through the Menin Gate, sauntered to the gendarmerie, continued on to the barracks, and started all over again. Some of them even forgot to eat. But what they sacrificed for their curiosity was largely rewarded: they saw everything, knew everything, more, even, than what actually went on.

Plus aucune journée, à partir de maintenant, où elle n'apportait quelque chose de nouveau et beaucoup d'Yprois vivaient littéralement dans la rue, plus que dans leurs maisons. Ils ne travaillaient plus, se promenaient par petits groupes de rue en rue: l'agitation les chassait de leurs maisons, et quand ils étaient dans la rue, ils allaient en bavardant de la Porte de Menin à la Porte de Lille en passant par les remparts et de là vers la Kalfvaart et 't Brielenhoekje, puis revenaient en passant à nouveau la Porte de Menin, flânaient vers la gendarmerie, allaient à la caserne et recommençaient leur tour. Certains oubliaient même de manger. Mais le sacrifice que leur coûtait leur curiosité était grandement récompensé: ils voyaient tout, savaient tout, parfois même plus que ce qu'il se passait réellement.

IEPER YPRES

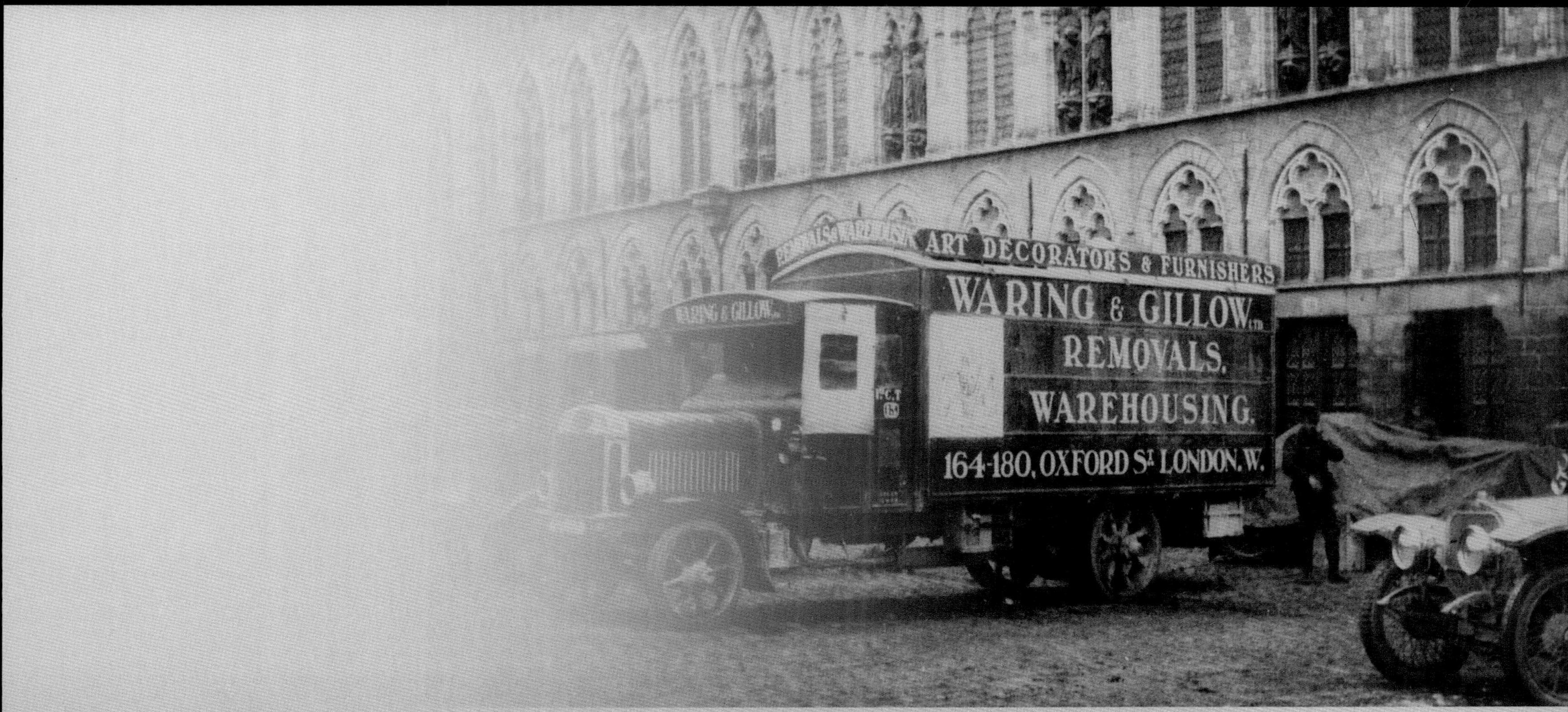

Een Londense verhuiswagen, door het Britse leger gevorderd, oktober 1914
A lorry of a famous London furniture store, commandeered for transport duties
Un camion de déménagement londonien réquisitionné par l'armée britannique

‹ De eerste granaten op Ieper beschadigden het Janseniuskwartier, 29 oktober 1914
The first shells fell in the town, damaging the Jansenius quarter
Les premiers obus qui tombent sur Ypres endommagent le quartier Jansenius

De granaatinslag van binnenuit gezien
The impact of the shell seen from inside
L'impact de l'obus vu de l'intérieur

INCENDIE HALLES d'YPRES.
22 NOV. 1914.
PHOTO
ANTONY
YPRES
28

‹ De brand van de Lakenhallen, 22 november 1914
The Cloth Hall on fire
L'incendie des Halles

1
2

De Sint-Maartenstoren en het Belfort in de steigers, oktober 1914 1

St. Martin's Church and the Belfry in scaffolding

L'église Saint Martin et le Beffroi en échafaudages

De schade te wijten aan de eerste Duitse granaten, november 1914 2

Damage caused by the first German shells

Les dégâts suite aux premiers obus allemands

‹ Gezicht vanuit de Rijselsestraat op de toren van de Sint-Maartenskerk en het Belfort, ± 1900
View from the Lille Street on the tower of the St. Martin's Church and the Belfry
Vue de la rue de Lille sur la tour de l'église Saint Martin et le Beffroi

1
2 3

Na de brand van 22 november 1914 1
After the fire of 22 November 1914
Après l'incendie du 22 novembre 1914

Na de beschietingen van april-mei 1915 2
After the shellings of April-May 1915
Après les canonnades d'avril-mai 1915

Maart 1916 3
March 1916
Mars 1916

‹ NONNER OG SIKHER MED TURBAN ›

1 | 2

Marktdag voor het Nieuwerck, ± 1900 1

Market day in front of the Nieuwerck

Jour de marché devant le Nieuwerck

Franse militairen voor het puin van het Nieuwerck, 21 januari 1915 2

French soldiers in front of the ruins of the Nieuwerck

Militaires français devant les ruines du Nieuwerck

Litt efter lii blev Ypres anset for en severdighet. Alle soldaterne forlangte prospektort av de berømte ruiner. Man spurte ivrig efter smaa souvenirs, og der vokste op en liten fabrik for smaa stene indfattet i bombemetal, smaafarvede glasbiter og levninger av alt mulig. Smaagutter blev velstaande og føreren i domkirken maa ha skaffet sig en rigtig pen indtægt.
Bomberne som av og til indfandt sig syntes ikke at forstyrre byens borgere længer. De var blit vant til det. Hvis der faldt en bombe eller to, tok de sin tilflugt til kjælderne, og kom frem igjen, saasnart bombardementet var ophørt.
Om søndagene var der en ren kirkepromenade paa Stortorvet. Byens borgere og deres venner fra det omliggende landdistrikt samledes der og spaserte op og ned, idet de diskuterte dagens begivenheter. Høie militærklædte soldaterkonstabler holdt trafikaarerne fri for gatehandlere og salgsboder, og fik paa en like uforsttyrrelig maate mængden til at bevæge sig, som om de hadde været opstillet til at regulere trafikken i en av Londons gater.
Det var et underlig liv i tiden mellem de to slag; et virvar av civile og militære interesser, et stadig optog av skarpe kontraster – nonner og sikher med turban, søleskvættede Tommier og nette smaa belgiske kniplere, Røde kors' motorambulancer og smaakjærrer trukket av hunder, forpleiningstuer tæt ved hverandre indredet i de gamle kneiper, klosterkoler fyldt av stabsofficerer.

Hugh B.C. Pollard. *Dodens by Ypres.* Kristiana (Norge-Norway): Steenske Forlag, 1917.
Hugh B.C. Pollard (°1888) was captain of the 25th Cyclist Battalion in The London Regiment. He wrote a.o. *The Book of the Pistol* and *A Busy Time in Mexico.*

By degrees Ypres became a show place; every soldier required picture postcards of the famous ruins; souvenirs were eagerly acquired, and a small kerbstone industry in shell fuses, stained-glass fragments, and relics of all kinds sprang up. Small boys acquired wealth, and the Cathedral guide must have accumulated a substantial balance. The shelling which sometimes occured did not seem to disturb the townsfolk; they had grown accustomed to it. If a shell or two fell they took refuge in their cellars, coming out again so soon as the bombardement stopped. On Sundays a regular church parade took place in the Grand Place. The townsfolk and their friends from the surrounding country foregathered and walked up and down discussing the happenings of the day. Tall khaki-clad military policeman kept the traffic routes clear of hawkers and stalls, and moved the crowd about as imperturbably as if on point duty in London.
It was a curious life, this period between the battles; a medley of civilian and military interests, a continuous pageant of sharp contrasts: nuns and turbaned Sikhs, mudplastered Tommies and neat little Belgian lace-makers, red cross motor ambulances and go-carts pulled by dogs, estaminets cheek by jowl with dressing-stations, Staff officers in a convent school.

Gaandeweg werd Ieper een toeristische trekpleister. Iedere soldaat wilde postkaarten van de beroemde ruïnes. Souvenirs gingen gretig van de hand, en op de stoepen ontstond een handeltje van obusscherven, stukjes brandglas en relikten van allerlei slag. Jongetjes verdienden een aardige cent, en de gids van de kathedraal moet een aardig bedrag vergaard hebben. De beschietingen leken de burgers nog nauwelijks te verontrusten. Ze waren het gewoon geworden. Wanneer er een granaat of twee viel, schuilden ze in hun kelders, om er weer uit te komen van zodra de beschieting ophield.
's Zondags zag de Grote Markt een stroom van kerkgangers. De stedelingen en de burgers uit de omliggende dorpen kwamen samen en bespraken al wandelend de voorbije gebeurtenissen.
Struise, in kaki geklede mannen van de militaire politie zorgden ervoor dat de verkeerswegen vrij bleven van venters en kraampjes. Ze lieten het volk even onverstoorbaar opschieten als op een kruispunt in Londen.
In de periode tussen de twee slagen [de Eerste en Tweede Slag van Ieper] bood het leven in Ieper een vreemde aanblik: een medley van burgerlijke en militaire groepjes, een ononderbroken vertoning van scherpe contrasten: nonnen en Sikhs met een tulband, beslijkte Tommies en keurige Belgische kantwerksters, rode kruis-ambulances en karren getrokken door honden, herbergen de ene naast elkaar en hulpposten, evenals stafofficieren in een kloosterschool.

De zwaar vernielde Lakenhallen, begin 1915
The badly damaged Cloth Hall, early 1915
Les Halles détruites, début 1915

FÜRSTENBERG IMPERIALE
BIÈRE BLONDE DES FLANDRES.
MUNICH AUGUSTINERBRAU
FOURRURES
CYCLE
CLUB
BILLARD CAFÉ du SULTAN TÉLÉPH 38
PHARMACIE
MUNICH
PILSEN

De Sultan, november 1914
De Sultan, November 1914
Café du *Sultan*, novembre 1914

‹ ONTELBARE GRANAATINSLAGEN ›

The great Cloth Hall, which had been one of the most magnificent treasures of ancient architecture in Europe, was smashed and battered by incessant shells, so that it became one vast ruin of broken walls and fallen pillars framed about a scrapheap of twisted iron and calcined statues, where one day later in the war I wandered for an hour or more, groping for some little relic which would tell the tale of this tragedy.
On my desk now at home there are a few long, rusty nails, an old lock of fifteenth-century workmanship, and a little broken window with leaded panes, which serve as mementoes of this destruction.

Philip Gibbs. *The Soul of the War.* London: W. Heinemann, 1915.
Philip Gibbs (1877-1962) was one of the five journalists selected by the government to become official war correspondents with the British Army. He had to submit all his reports to the censorship.

De ontelbare granaatinslagen hadden de grote Lakenhallen zo erg toegetakeld dat er slechts een enorme ruïne van gesloopte muren en pijlers en een schroothoop van verwrongen ijzer en verkoolde beeldhouwwerken overbleef. Zo zag ik het die dag, toen ik op zoek ging naar een of ander klein overblijfsel dat mij het verhaal van deze tragedie zou vertellen.
Nu liggen er op mijn bureau thuis enkele roestige spijkers, een oud slot dat blijk geeft van vijftiende-eeuws vakmanschap, en een gebroken brandraam, allemaal stille getuigen van deze vernieling.

La grande Halle aux draps, l'un des trésors les plus remarquables de l'architecture médiévale européenne, avait été tellement bombardée qu'elle avait été transformée en une énorme ruine de murs démolis et de piliers détruits, servant de cadre à un tas de ferraille et de statues carbonisées; alors que le lendemain, à la recherche d'un petit souvenir, je me demandais pendant une heure ou plus laquelle pourrait raconter cette tragédie.
Maintenant se trouvent sur mon bureau quelques clous longs et rouillés, une ancienne serrure d'un atelier de maître du 15ème siècle et un petit vitrail cassé, tous témoins de cette destruction.

‹ Herberg *De Sultan*, zuidzijde van de Grote Markt, ± 1910
The Inn *De Sultan*, on the southern side of the Market Square
Café du *Sultan*, côté sud de la Grand Place

A LA CONCIERGERIE ESTAMIN T
SLAGTER

Voor de ruïnes van het Vleeshuis, begin 1915
In front of the ruins of the Butcher's Guildhouse, early 1915
Devant les ruines de la Boucherie, début 1915

‹ Autour des hautes ruines, des soldats ›

Autour des hautes ruines, les places sont remplies de soldats qui stationnent, ou qui circulent lentement, en petites compagnies silencieuses, l'air un peu grave comme au souvenir ou dans l'attente de quelque chose que chacun sait mais dont on ne parle pas. Il y a bien des femmes, pauvrement habillées, au visage inquiet, et des petits enfants; mais cette humble population civile est noyée dans la masse des rudes uniformes, presque tous défraîchis et terreux, qui visiblement reviennent des longues batailles. Les tenues jaune-kaki des Anglais et les tenues belges presque noires se mêlent aux capotes «bleu-horizon» de nos soldats de France, qui sont en majorité; tout cela se fond en des nuances presque neutres, et deux ou trois burnous rouges de chefs arabes viennent trancher, imprévus et déconcertants, sur cette foule couleur de soirée brumeuse et d'hiver.

Pierre Loti, 'Un soir d'Ypres', *L'Illustration*, 3 avril 1915.
Julien Viaud (1850-1923) de son vrai nom était officier de marine, grand voyageur et surtout romancier. En 1891 élu à l'Académie Française.

Rond de hoge ruïnes kuieren of staan zwijgzame groepjes soldaten met een ietwat ernstige blik, als in eerbetoon voor of in afwachting van iets waarvan ieder op de hoogte is, maar niet durft uiten. Ik tref er ook armtierig geklede vrouwen en kinderen aan. Doch, deze bescheiden burgers vallen nauwelijks op te midden van de uniformen, die na lange veldslagen besmeurd en verlept zijn. De kakigele uniformen van de Engelsen en de zogoed als zwarte Belgische tenues vormen een mengelmoes met de hemelsblauwe kapotjassen van onze Franse soldaten die in de meerderheid zijn. Het zijn vooral de twee of drie rode boernoesen van Arabische leiders die er op deze mistige winteravond uitspringen.

Around the high ruins, the squares are filled with soldiers, standing or circulating slowly in small silent groups, with serious faces as if in remembrance of or expecting something everyone knows, but no one dares mention. There are women, poorly dressed, with worried faces and small children; but this humble civilian population is drowning in the mass of grim uniforms, nearly always dirty and muddy, which clearly come from extended battles. The yellow-kaki uniforms of the English and the almost black Belgian uniforms mix in with the blue capotes of our French soldiers, who are in the majority; all this mingles in nearly neutral shades while two or three unexpected and disconcerting red burnouses belonging to the Arabian chiefs contrast with the misty, winter evening colour of the crowd.

‹ De achterkant van het Vleeshuis, ± 1900
The back of the Butcher's Guildhouse
Le côté arrière de la Boucherie

Zaterdagmarkt voor het
Onze-Lieve-Vrouwhospitaal, ± 1900

Saturday market in front of the civil hospital

Marché du samedi devant
l'Hôpital Notre-Dame

Franse militairen voor het hospitaal, januari 1915
French soldiers in front of the hospital
Militaires français devant l'hôpital

‹ HE REALLY COULD MIX COCKTAILS ›

The exact state of the Cloth Hall at any given moment is the object of solicitude. The shattered Belgian homes have been described over and over again. The important things about Ypres have been left unsaid.
Near the station there was a man who really could mix cocktails. He was no blundering amateur, but an expert with the subtlest touch. And in the Rue de Lille a fashionable dressmaker turned her atelier into a tea-room. She used to provide coffee or chocolate, or even tea, and the most delicious little cakes. On an afternoon you would sit on comfortable chairs at a neat table covered with a fair cloth and talk to your hostess. A few hats daintily remained on stands, but, as she said, they were last year's hats, unworthy of our notice.

Captain W.H.L. Watson. *Adventures of a Despatch Rider. An Oxford Man with the Motorcyclists.* Edinburgh - London: W. Blackwood and Sons, 1915.

De precieze staat van de Lakenhallen, net zoals die van de verbrijzelde huizen, werd tot vervelens toe beschreven. Doch, de belangrijke dingen over Ieper kwamen nooit aan bod.
Dicht bij het station was er een man die echt aardig cocktails kon mixen. Hij was geen klungelende amateur, maar een specialist die de nodige subtiliteit in de vingers had. En in de Rijselsestraat vormde een modieuze naaister haar atelier om tot een theehuis. Zij serveerde koffie, chocolade, thee en cakes om je vingers bij af te likken. 's Namiddags kon men er aan een keurige tafel met fraai tafelkleedje comfortabel met de gastvrouw zitten praten. Enkele hoeden waren bevallig blijven liggen, maar, zoals ze zei, dat waren hoeden van vorig jaar, het noemen niet waard.

L'état exact des Halles aux draps a fait l'objet de beaucoup d'attention et la destruction des maisons belges a été maintes fois décrite. Mais les choses importantes sur Ypres restent toutefois non traitées.
Près de la gare, il y avait un homme passé maître dans l'art de préparer les cocktails. Pas un amateur, mais un spécialiste à la main experte. Et dans la rue de Lille, une couturière à la mode transforma son atelier en salon de thé. Elle y offrait du café ou du chocolat chaud, voire même du thé, et les pâtisseries les plus délicieuses. On pouvait s'asseoir l'après-midi sur des chaises confortables autour d'une table soignée avec une jolie nappe, tout en bavardant avec l'hôtesse. Quelques chapeaux étaient encore élégamment présentés, mais, disait-elle, ils dataient de l'année précédente et donc indignes de notre intérêt.

‹ Een Franse militair neemt de plaats in van het standbeeld van Vandenpeereboom, juni 1915
A French soldier takes the place of the statue of Vandenpeereboom
Un militaire français prend la place de la statue de Vandenpeereboom

De Kloosterpoort en de Sint-Maartenskerk, begin 1915
The Cloister Gate and the St. Martin's Church, early 1915
La Porte du Cloître et l'église Saint-Martin, début 1915

In puin, einde 1915
Ruins, end 1915
Ruines, fin 1915

‹ Franse en Britse officieren op het Vandenpeereboomplein, maart 1915

French and British officers at the Vandenpeereboom Square

Officiers français et britanniques sur la Place Vandenpeereboom

Utenfor paa gaten stod der soldater og stirret forffærdet paa ødellæggelsen. Smaa tohjulede kjærrer trukket av kraftige hundeforspand og kjørt av firskaarne bønder hjalp til med redningsarbeidet. Nye tropper marsjerte igjennem, saa sig forbauset omkring, og marsjerte videre til sine skyttergravslinjer med barske, bestemte ansigter. I et irsk regiment tok hver mand med sig et souvenir fra den odelagte domkirke – mere som en erindring om en profanation, som burde hevnes end som et krigssouvenir.

Hugh B.C. Pollard. *Dodens by Ypres*. Kristiana (Norge-Norway): Steenske Forlag, 1917.
Hugh B.C. Pollard (°1888) was captain of the 25th Cyclist Battalion in The London Regiment. He wrote a.o. *The Book of the Pistol* and *A Busy Time in Mexico*.

Groups of soldiery stood in the streets gazing round-eyed at the devestation. Little two-wheeled carts drawn by sturdy dog-teams and steered by thick set peasants assisted at the work of salvage. New troops marched in, gazed amazed, and marched onward to their lines with faces grim-set in determination. In an Irish regiment every man carried some relic of the wreckage of the Cathedral – more as an "in memoriam" of a sacrilege to be avenged than as a souvenir of war.

Groepjes soldaten staan in de straten met grote ogen naar de vernielingen te staren. Kleine karren getrokken door honden en begeleid door zwaarlijvige landlui zijn van nut bij de reddingswerken. Nieuwe troepen komen aangemarcheerd, kijken verwonderd in het rond en stappen vastberaden verder naar het front. In een Iers regiment is elke soldaat in het bezit van een of ander stuk uit het puin van de kathedraal, meer als een "in memoriam" van een heiligschennis dat moet gewroken worden dan als oorlogssouvenir.

‹ SOUVENIR FRA DEN ODELAGTE DOMKIRKE ›

De Neptunuspoort en de Vismarkt, 1915 ›
Neptune's Gate and the Fish Market
Le Porte de Neptune et le Marché aux Poissons

De Neptunuspoort in de Boterstraat, ± 1900
Neptune's Gate in the Butter Street
La Porte de Neptune dans la rue au Beurre

PHOTO

Het Minckhuisje, ± 1905 ›
The so-called Minckhuisje
La Minckhuisje

1

2

De Vismarkt, einde 1914 1
The Fish Market, end 1914
Le Marché aux Poissons, fin 1914

De ruïnes van de Vismarkt, 2
1 april 1916
The ruins of the Fish Market
Le Marché aux Poissons en ruines

58 - Yper, Vischmarkt. — Marché aux Poissons, Ypres.

‹ THE DEVIL CAME TO YPRES ›

‹ Ieperlingen vluchten de stad uit via de Tempelstraat, 18 april 1915
Citizens of Ypres escape the city by way of Temple Street
Des Yprois fuient la ville par la rue du Temple

A few weeks later the devil came to Ypres. The first sign of his work was when a mass of French soldiers and colored troops, and English, Irish, Scottish, and Canadian soldiers came staggering through the Lille and Menin gates with panic in their look, and some foul spell upon them. They were gasping for breath, vomiting, falling into unconsciousness, and, as they lay, their lungs were struggling desperately against some stifling thing. A whitish cloud crept up to the gates of Ypres, with a sweet smell of violets, and women and girls smelled it and then gasped and lurched as they ran and fell.
It was after that when shells came in hurricane flights over Ypres, smashing the houses and setting them on fire, until they toppled and fell inside themselves. Hundreds of civilians hid in their cellars, and many were buried there. Others crawled into a big drainpipe – there were wounded women and children among them, and a young French interpreter, the Baron de Rosen, who tried to help them – and they stayed there three days and nights, in their vomit and excrement and blood, until the bombardment ceased.

Enkele weken later verscheen de duivel in Ieper. Hij toonde het eerste teken van zijn werk toen Franse en koloniale troepen, evenals Engelse, Ierse, Schotse en Canadese soldaten in volle paniek door de Rijselpoort en de Menenpoort strompelden. Ze snakten naar adem, gaven over, zegen bewusteloos neer terwijl hun longen het begaven. Een witachtige wolk met de zoete geur van viooltjes kroop tot aan de poorten van Ieper. Vrouwen en meisjes rolden over de grond en hoestten zich de longen uit het lijf.
Hierna suisden granaten als in een orkaan over Ieper, vernielden de huizen en zetten ze in vuur en vlam, tot alles instortte. Honderden burgers zaten verborgen in hun kelders, en velen werden er levend begraven. Anderen kropen in een grote rioolpijp – onder hen gewonde vrouwen en kinderen, en een jonge Franse tolk, baron de Rosen, die hen probeerde te helpen –, waar ze drie dagen en nachten bleven, in hun braaksel, uitwerpselen en bloed, tot er een einde kwam aan de beschietingen.

Philip Gibbs. *The Soul of the War.* London: W. Heinemann, 1915.
Philip Gibbs (1877-1962) was one of the five journalists selected by the government to become official war correspondents with the British Army. He had to submit all his reports to the censorship.

‹ EEN FRÊLE VROUW OP EEN KRUIWAGEN ›

Vluchtelingen op de Grote Markt, 28 april 1915
Fugitives on the Market Square
Fugitifs d'Ypres sur la Grand Place

Een koe op de Grote Markt, Engelse gravure
A cow on the Market Square, English engraving
Une vache sur la Grand Place, gravure anglaise

In the western edge of Ypres a worn, drawn-faced Belgian, with a hunted look in his eyes, was slowly and carefully shoving a wheelbarrow, on which was a rude pallet. Stretched upon it lay the wasted form of a frail woman, close-swatched in as much bedding as the method of conveyance would allow. Her skin was wax-white, her wide eyes large and lustrous. She had not sufficient strength to prevent her feet from trailing the ground. An aged crone shuffled beside the sick woman, on her face a picture of agonised fear painful to see.
Big Hun guns were searching for little British ones not far away, and at every detonation the poor old woman jumped nervously.
They were undoubtedly the last of the residents of Ypres to leave the town alive. If others remained, it was but to be buried under the falling walls of their hiding places, or to meet a worse fate in the flames that were raging from one end of the city to the other.

Frederic Coleman. *With Cavalry in 1915. The British Trooper in the Trench Line through the Second Battle of Ypres.* London: Sampson Low, Marston & Co., 1916.
The American author and journalist Frederic Coleman was one of the volunteers of the Royal Automobile Club who put his services in the First World War at the disposal of the British Expeditionary Force.

Aan de westelijke rand van Ieper duwde een uitgeputte Belg met gejaagde blik traag en behoedzaam een kruiwagen waarop een ruwe strozak lag. Daarop zag ik de vorm van een frêle vrouw, die flink ingeduffeld was. Haar gezicht zag lijkbleek en haar grote ogen glansden. Ze had niet eens de kracht om te beletten dat haar voeten over de grond voortsleepten. Een oud besje slofte naast de zieke vrouw, met een gezicht getekend door angst, schrijnend om zien.
Telkens de zware Duitse kanonnen knalden, schrikte het oude mensje op.
Ze waren ongetwijfeld de laatste burgers van Ieper die de stad levend verlieten. Indien er nog achterbleven, dan zouden die onder de vallende muren van hun schuilplaatsen worden begraven of omkomen in de vlammen, die van het ene naar het andere uiteinde van de stad raasden.

Dans la partie occidentale de la ville, un Belge épuisé, le visage tendu, le regard effrayé, poussait lentement et avec précaution une brouette que recouvrait une paillasse. Là-dessus se trouvait la forme fragile d'une femme, bordée tant bien que mal compte tenu du mode de transport. Sa peau était d'un blanc pâle, ses grands yeux luisaient. Elle n'avait pas suffisamment de force pour éviter que ses pieds traînent à terre.
Une petite vieille traînait des pieds à côté de la femme malade. Son visage marqué par la peur faisait peine à voir. Elle sursautait à chaque fois que tonnaient les canons allemands.
Ils étaient sans aucun doute les derniers citoyens d'Ypres à quitter la ville vivants. Si d'autres restaient, c'était pour finir enterrés sous les murs de leur cachette ou pour subir un sort pire encore, celui des flammes qui faisaient rage d'un côté de la ville à l'autre.

Dode paarden voor de vernielde Lakenhallen
Dead horses in front of the battered Cloth Hall
Chevaux morts devant les Halles ravagées

‹ THE BEAUTY OF THE SMASHED CATHEDRAL AND THE TOTTERING CLOTH HALL ›

Now and then a shell still falls, but the Huns probably know that the devastation is already complete. We stood in the lonely grass-grown square, once the busy centre of the town, and we marvelled at the beauty of the smashed cathedral and the tottering Cloth Hall beside it. Surely at their best they could not have looked more wonderful than now. If they were preserved even so, and if a heaven-inspired artist were to model a statue of Belgium in front, Belgium with one hand pointing to the treaty by which Prussia guaranteed her safety and the other to the sacrilege behind her, it would make the most impressive group in the world.

Arthur Conan Doyle. *A Visit to Three Fronts. Glimpses of The British, Italian and French Lines.* New York: George H. Doran, 1916.
Sir Arthur Conan Doyle (1859-1930) was a Scottish author most famously known for his stories about the detective Sherlock Holmes.

Nu en dan hoort men nog een granaatinslag, maar de Hunnen weten allicht al dat de verwoesting totaal is. We stonden op het verlaten, met gras begroeide plein, ooit het drukke centrum van de stad, en we bewonderden de schoonheid van de stukgeslagen kathedraal en de wankele Lakenhallen ernaast. Op hun schoonst hadden ze er zeker niet prachtiger kunnen uitzien als nu. Als ze zelfs in deze staat werden bewaard, en als een door de hemel geïnspireerde kunstenaar er een standbeeld van België voor zou creëren, België met één hand wijzend naar het verdrag waarmee Pruisen haar veiligheid had gegarandeerd en de andere naar de heiligschennis achter haar, dan zouden ze tezamen de meest indrukwekkende beeldengroep ooit vormen.

Quelques obus tombaient encore parfois, mais les Boches devaient savoir que la dévastation était complète. Nous nous trouvions sur la Grand Place, désormais recouverte d'herbe bien qu'elle fut autrefois le cœur de la ville. Nous pouvions admirer la beauté de la cathédrale détruite et celle de la Halle aux draps, chancelante à ses côtés. Elles n'auraient pu être plus belles en pleine gloire. Si on les conservait ainsi, et qu'un artiste touché par la grâce leur adjoignait une statue allégorique, on y verrait la Belgique tenant d'une main le traité par lequel la Prusse lui garantissait sa sécurité, et pointant de l'autre le sacrilège de cette destruction.

‹ Dode paarden voor het hospitaal, april 1915
Dead horses in front of the hospital
Des vaches mortes devant l'hôpital

De zuidzijde van de Grote Markt, ± 1900
The south side of the Market Square
Le côté sud de la Grand Place

1
2
3

Na de eerste beschietingen, 1914 1
After the first shellings
Après les premières canonnades

Voor de Tweede Slag om Ieper 2
Before the Second Battle of Ypres
Avant la Deuxième Bataille d'Ypres

Verdwenen huizenrij, juni 1915 3
Row of houses reduced to rubble
Des maisons rasées

‹ BUILDINGS BUILT FOR CENTURIES ›

1

2

De Rijselsestraat met de toren van de Sint-Pieterskerk, ± 1900 1

The Lille Street and the tower of the St. Peter's Church

La rue de Lille et la tour de l'église Saint Pierre

Zelfde zicht, ± 1916 2
Same view
Même vue

Het Houten Huis in de Rijselsestraat
The Wooden House in the Lille Street
La Vieille Maison de bois dans la rue de Lille

Much has been written about the desolation of these towns. To get a picture of it, one must realise the solidity with which even the private houses are built. They are stone, or if not, the walls are of massive brick coated with plaster. There are no frame buildings; wood is too expensive for that purpose. It is only in prodigal America that we can use wood. So the destruction of a town there means the destruction of buildings that have stood for centuries, and would in the normal course of events have stood for centuries more.

Mary Roberts Rinehart. *Kings, Queens and Pawns. An American Woman at the Front.*
New York: George H. Doran, 1915.
The American author Mary Roberts Rinehart (1876-1958) wrote more than 50 books, eight plays, hundreds of short stories, poems, travelogues and special articles.

Er is reeds zo veel geschreven over de verwoesting van deze steden. Om er zich een beeld van te vormen, moet men zich de stevigheid realiseren waarmee zelfs de private woningen hier zijn opgetrokken. Het zijn stenen gebouwen, of minstens de muren zijn van massieve baksteen bedekt met kalk. Houten woningen zijn er niet. Hout is te duur, en wordt enkel in het rijkelijke Amerika gebruikt. Dit houdt in dat de vernieling van een stad meteen de vernieling is van gebouwen die hier al eeuwen stonden, en die normaal gezien ook nog eeuwen waren overeind gebleven.

On a beaucoup écrit sur les ravages subis par ces villes. Afin d'en avoir une idée, il faut se rendre compte de la solidité avec laquelle même les maisons privées ont été bâties. Elles sont en pierre ou alors faites de briques massives recouvertes de plâtre. Il n'existe pas de maisons en bois; il aurait été trop cher pour cet usage; il n'y a que dans l'Amérique prodige que nous l'utilisons. Ainsi, la destruction d'une ville implique aussi la destruction de bâtiments qui s'y trouvaient déjà depuis des siècles et étaient destinés à y rester pendant encore des siècles.

Australische militairen ruimen ›
puin in de Bukkersstraat bij de
Sint-Pieterskerk, 1 november 1917

Australian soldiers clear up the
debris in the Bukkers Street

Des militaires australiens
balaient les débris dans la rue
des Boudeurs

1 2
3

1 De Sint-Pieterskerk in de Rijselsestraat, ± 1910
St. Peter's Church in the Lille Street
L'église Saint Pierre dans la rue de Lille

2 De Sint-Pieterskerk, 27 januari 1917
St. Peter's Church
L'église Saint Pierre

3 De calvarie van de Sint-Pieterskerk, ± 1917
The calvalry of the St. Peter's Church
Le calvaire de l'église Saint Pierre

‹ NIET ÉÉN INWONER MEER ›

‹ De ruïne van het Belfort, 27 december 1916
The ruin of the Belfry
Les ruines du Beffroi

De Donkerpoort, de doorgang onder het Belfort, 29 januari 1917
The Donkerpoort, the tunnel underneath the Belfort
La Donkerpoort, le passage en dessous du Beffroi

Possessing 200.000 inhabitants in the thirteenth century, 5,000 inhabitants in the sixteenth century, and 17,400 inhabitants at the end of the nineteenth century, it now possesses 0 inhabitants. It is uninhabited. It cannot be inhabited. Scarcely two months before I saw it, the city – I was told – had been full of life. In the long period of calm that followed the bombardment in November 1914, the inhabitants had taken courage, and many of those who had fled from the first shells had sidled back again with the most absurd hope in their hearts. As late as the third week in April the Grand Place was the regular scene of commerce, and on market-days it was dotted with stalls upon which were offered for sale such frivolous things as postcards displaying the damage. Then came the major bombardment, which is not yet over.

Arnold Bennett. *Over There. War Scenes on the Western Front.* New York: George H. Doran, 1915.
Arnold Bennett (1867-1931), one of the great 20th-century English novelists. After a tour at the Western Front in June 1915, Bennett was deeply shocked by the conditions in the trenches. *Over There* was an account of the war that would encourage men to join the British Army.

De stad die 200.000 inwoners in de dertiende eeuw telde, 5.000 in de zestiende eeuw en 17.400 op het einde van de negentiende eeuw, telt vandaag niet één inwoner meer. De stad wordt niet meer bewoond, en is ook niet meer bewoonbaar. Nauwelijks twee maanden voor ik ze zag, was de stad – zo had men me verteld – nog vol leven. In de lange kalme periode die volgde op de beschietingen van november 1914 hadden de burgers weer hoop gevat, en velen van hen die gevlucht waren bij de eerste beschietingen, waren schuchter teruggekeerd met de meest absurde verwachtingen. Tot in de derde week van april [1915] vormde de Grote Markt geregeld het toneel van handel, en op marktdagen stonden er kraampjes waar allerhande frivole dingen van de hand gingen, zoals prentbriefkaarten die de vernielingen in beeld brachten.
Dan volgden de grote beschietingen, die nog niet ten einde zijn.

Cette ville qui au treizième siècle comptait 200 000 habitants, 5 000 au seizième et 17 400 à la fin du dix-neuvième siècle, n'en compte plus un seul aujourd'hui. C'est une ville fantôme. On ne peut y vivre. On me dit qu'elle était pleine de vie à peine deux mois avant ma visite. Les habitants avaient repris courage lors de la longue période de calme qui suivit le bombardement de novembre 1914 et nombre de ceux qui avaient fui les premiers obus s'étaient réintroduits dans la ville, motivés par un espoir fou. On faisait encore régulièrement commerce sur la Grand Place fin avril (1915). Les jours de marché, elle était envahie d'étals où l'on pouvait acheter des choses aussi frivoles que des cartes postales représentant les dégâts dus à la guerre.
Puis commença le bombardement principal, qui n'est toujours pas terminé.

1
2

Muurschilderingen van 1
Ferdinand Pauwels, ± 1910

Murals of Ferdinand Pauwels

Des peintures murales
de Ferdinand Pauwels

Britse soldaten in de zaal Pauwels 2

British soldiers in the
Pauwels Chamber

Des soldats britanniques
dans la Salle Pauwels

‹ PAINTINGS OF THE CLOTH HALL ›

De zaal Pauwels in de Lakenhallen, ± 1910
The Pauwels Chamber in the Cloth Hall
La Salle Pauwels dans les Halles

‹ De dertiende-eeuwse Lakenhallen in puin
The 13th century Cloth Hall in ruins
Les Halles, datant du 13ème siècle, en ruines

No 2. Vol. 2. Saturday, September 8th, 1917. Price 1 Franc.

CLOTH HALL, WIPERS.
(Lifting Roof and Perfect Ventilation.)

THIS WEEK ONLY.

Grand New Revue Entitled:
"GOOD-BYE-EE-E, WE MOS-COW."
INTRODUCING SELECTIONS FROM
"RIGALETGO."
AND
INCLUDING THE ENTIRE "BALLY RUSSE."

We hope to be able to announce a Return Visit of this Celebrated Company very shortly.
—o—o—o—
BOOK EARLY.
PRICES AS USUAL.

The Wipers Times, 8 September 1917

In de Lakenhallen worden paarden gestald, mei 1915
In the Cloth Hall horses are stabled
Les Halles utilisées comme écurie des chevaux

‹ RUMOUR IS CORRECT, THE CLOTH HALL IS GONE ›

De westelijke binnenkoer, ± 1900
The western courtyard
La cour ouest

Ypres! What a tragedy! Not a city now; hardly a skeleton of a city. Rumour is correct, for the beautiful Cloth Hall is gone – that most famous of all the famous buildings of Flanders. Ypres! What a tragedy! Not a city now; hardly a skeleton of a city. Rumour is correct, for the wonderful Cloth Hall is gone. There is a fragment left of the facade, but no repairing can ever restore it. It must all come down. Indeed, any storm may finish its destruction. The massive square belfry, two hundred and thirty feet high and topped by its four turrets, is a shell swaying in every gust of wind. The inimitable arcade at the end is quite gone. Nothing indeed is left of either the Cloth Hall, which, built in the year 1200, was the most remarkable edifice of Belgium, or of the Cathedral behind it, erected in 1300 to succeed an earlier edifice.

Mary Roberts Rinehart. *Kings, Queens and Pawns. An American Woman at the Front.* New York: George H. Doran, 1915.
The American author Mary Roberts Rinehart (1876-1958) wrote more than 50 books, eight plays, hundreds of short stories, poems, travelogues and special articles.

Ieper! Wat een tragedie! Het is geen stad meer, nauwelijks een skelet. Het gerucht klopt, de schitterende Lakenhalle is verdwenen. Het was het beroemdste gebouw van Vlaanderen. Ieper! Wat een drama! Het is geen stad meer, nauwelijks het skelet van een stad. Een deel van de gevel bleef overeind, maar herstellen kan niet meer. Alles moet neergehaald worden. Een storm kan de vernieling inderdaad vervolledigen. De massieve belforttoren, 70 meter hoog en bekroond met vier torentjes, is een geraamte dat wankelt bij elke windvlaag. Er bleef inderdaad niets over, noch van de Lakenhalle, die gebouwd in 1200 het meest merkwaardige gebouw van België was, noch van de kathedraal die dateert uit de jaren 1300.

Ypres ! Quelle tragédie ! Ce n'est plus une ville maintenant ; c'est à peine le squelette d'une ville. Les rumeurs sont vraies, la magnifique Halle aux draps a disparu. Il reste un fragment de la façade, mais aucune réparation ne peut la restaurer. Tout doit s'effondrer. En effet, n'importe quelle tempête peut achever sa destruction. L'énorme beffroi carré, deux cent trente pieds de haut, coiffé de quatre tourets, est une coquille à la merci de chaque souffle de vent. L'inimitable arcade à la fin a aussi pratiquement disparu. De la Halle aux draps, l'édifice le plus remarquable de Belgique, construit en 1200, il ne reste plus rien, ni de la cathédrale érigée en 1300 pour succéder à un autre édifice.

‹ De westelijke binnenkoer met doorgang naar de Coomansstraat, 1917

The western courtyard and the through passageway to the Coomans Street

La cour ouest avec l'accès à la rue Coomans

‹ HOE STAAT HET MET DE TORENTJES? ›

"How are the turrets? Still holding out?" they ask up and down the line of any one who has come from Ypres. Everybody has a tender personal interest in the turrets of the old Cloth Hall, which deepens with each day that they survive in defiance of the German gunners above the wreckage wrought by German shells.
People are still living in Rheims and Louvain, but Ypres is absolutely a dead city, dead as Pompeii, dead as a deserted mining camp in Alaska. No face appears in any door or window that can still be called a door or window; no figures are seen moving through the shell holes in walls that are still standing.

Frederick Palmer. 'Ypres Turrets still standing', in *The New York Times*, 6 juli 1915.
Frederick Palmer (1873–1958), American writer and war correspondent. He began war reporting in the Greco-Turkish War (1896–97), reaching the height of his fame as a correspondent during World War I.

"Hoe staat het met de torentjes? Houden ze het nog altijd uit?" De militairen aan het front vragen het voortdurend aan wie van Ieper komt. Iedereen leeft mee met de torentjes van de oude Lakenhalle, en die bezorgdheid groeit met elke dag dat ze overleven, in weerwil van de Duitse artilleristen, boven de ravage aangericht door Duitse granaten. Er leven nog steeds mensen in Reims en Leuven, doch Ieper is zonder meer een dode stad, zo dood als Pompeji, zo dood als een verlaten mijnkamp in Alaska. Achter geen enkele deur of venster nog die naam waardig bespeuren we een gezicht. Doorheen de gaten van de nog overeind staande muren zien we niemand bewegen.

"Comment vont les tourelles? Est-ce qu'elles tiennent le coup?" C'est ce qu'on vous demande sur le front quand vous arrivez d'Ypres. Tous éprouvent un attachement sentimental pour les tourelles de la vieille Halle aux draps, et chaque jour qui passe renforce ce sentiment, comme un défi lancé aux artilleurs allemands par delà les débris causés par leurs obus. Il reste des habitants à Reims ou à Louvain, mais Ypres est une ville morte, aussi morte que l'est Pompéi, aussi déserte qu'une mine abandonnée d'Alaska. Aucun visage aux fenêtres ou dans les embrasures de porte, du moins quand il en reste, aucune silhouette traversant les trous d'obus des murs encore debout.

‹ Het zuidoostelijk hoektorentje van de Lakenhallen, 27 december 1916
The southeast angle turret of the Cloth Hall
La tourelle sud-est des Halles

De torens van Ieper op een Duitse panoramafoto genomen vanaf Passendale, april 1915
The towers of Ypres on a German panorama photograph taken from Passchendale
Les tours d'Ypres sur une photo panoramique allemande, prise à Passendale

1

2

De noordzijde van de Grote Markt, ± 1900 1

The northern side of the Market Square

Le côté nord de la Grand Place

Onherstelbaar verwoest, ± 1916 2

Ravaged beyond repair

Le ravage irrémédiable

1

2

De Grote Markt met centraal de ruïnes van het Kasselrijgebouw, mei 1915 1

The Market Square with the Kasselrij building at the centre

La Grand Place avec au centre les ruines de la Châtelaine

Enkele resterende gevels, ± 1916 2

Some surviving house-fronts

Quelques façades restantes

Het Vandenpeereboomplein, april 1915
The Vandenpeereboom Square
La Place Vandenpeereboom

‹ Granaten slaan in aan de hoek van het Vandenpeereboomplein en de Boezingepoortstraat, mei 1915
Shells fall on the corner of the Vandenpeereboom Square and the Boezinge Street
Des obus tombent sur le coin de la Place Vandenpeereboom et la rue de Boesinghe

Duizenden granaten later, ± 1916
Thousands of shells later
Des milliers d'obus plus tard

Australische mannen van de genie maken kruisen ›
voor hun gevallen kameraden, 31 oktober 1917

Australian engineers making crosses
for their fallen comrades

Hommes du génie australien faisant
des croix pour leurs camarades tombés

1
2

1 Het dertiende-eeuwse postgebouw in de Rijselsestraat, ± 1910
The 13th century Post Office in Lille Street
L'Hôtel des Postes dans la rue de Lille, datant du 13ème siècle

2 De Rijselsestraat met links het postgebouw, na de oorlog
Lille Street with the Post Office on the left, after the war
La rue de Lille et à gauche l'Hôtel des Postes, après la guerre

‹ Het noordwestelijke torentje van het Belfort, met zicht op de Sint-Maartenskerk en het Vandenpeereboomplein, ± 1910
The northwest turret of the Belfry, with a view on the St. Martin's Church and the Vandenpeereboom Square
La tourelle nord-oeust du Beffroi, avec vue sur l'église Saint Martin et la Place Vandenpeereboom

Het Vandenpeereboomplein gezien vanuit het portaal van de Sint-Maartenskerk, november 1917
The Vandenpeereboom Square seen from the portal of the St. Martin's Church
La Place Vandenpeereboom vu du portail de l'église Saint Martin

‹ AFTER THE WAR WE SHALL BE THE RICHEST CITY IN BELGIUM ›

‹ De Sint-Maartenskerk, 14 december 1915
The St. Martin's Church
L'église Saint Martin

Het portaal vol puin
The portal full of debris
Le portail plein de débris

Wretched Ypres has been badly over-written. Before the war it was a pleasant city, little visited by travellers because it lay on a badly served branch line. The inhabitants tell me it was never much troubled with tourists. One burgher explained the situation to me with a comical mixture of sentiment and reason: "You see, sir, that our cathedral is shattered and the Cloth Hall a ruin. May those devils, the dirty Germans, roast in Hell! But after the war we shall be the richest city in Belgium. All England will flock to Ypres. Is it not a monstrous cemetery? Are there not woods and villages and farms at which the brave English have fought like lions to earn for themselves eternal fame, and for the city an added glory? The good God gives His compensations after great wars. There will be many to buy our lace and fill our restaurants."

Captain W.H.L. Watson. *Adventures of a Despatch Rider. An Oxford Man With the Motorcyclists.* Edinburgh - London: W. Blackwood and Sons, 1915.

Over het ongelukkige Ieper werd al teveel geschreven. Voor de oorlog was het een aangename stad, en gezien de slechte ligging nauwelijks door reizigers bezocht. De inwoners vertellen me dat toeristen hen nauwelijks last bezorgden. Eén burger had een klaar zicht op de situatie, en zei me met een half komische, half ernstige ondertoon: "Onze kathedraal is vernield en van de Lakenhallen rest slechts een ruïne. Voor mij mogen die smerige Duitsers, die duivels, branden in de hel! Maar na de oorlog worden we de rijkste stad van België. Heel Engeland zal naar Ieper komen. Het is immers een enorme begraafplaats. In de bossen, vlakten en dorpen hebben de dappere Engelse soldaten gevochten als leeuwen voor hun eeuwige roem, doch ook voor de glorie van de stad. Na grote oorlogen zorgt de goede God voor compensaties. Er zal hier veel volk toestromen om ons kantwerk te kopen en onze restaurants te vullen."

On n'a jamais beaucoup parlé d'Ypres. C'était avant la guerre une charmante cité mais où l'on ne venait peu car elle était mal desservie par une ligne de chemin de fer secondaire. Je sais d'après ses habitants qu'on y voyait peu de touristes. L'un d'eux m'a expliqué la situation dans un mélange amusant de sentimentalité et de bon sens: «Vous voyez, Monsieur, notre Cathédrale a été détruite et la Halle aux draps est en ruines. Que ces maudits Allemands brûlent en enfer! Mais nous deviendrons après la guerre la ville la plus riche de Belgique. Toute l'Angleterre viendra ici. Ce cimetière n'est-il pas monstrueux? Il n'est pas une forêt, un village ou une ferme où les Anglais ne se soient pas battus comme des lions pour y gagner une renommée éternelle, et la ville un nouveau titre de gloire. Le bon Dieu distribue des récompenses après de grandes guerres. Ils seront nombreux à venir acheter notre dentelle et remplir nos restaurants.»

TOWN MAJOR OF YPRES IN PRISON!

1

2

De gevangenis in de Elverdingestraat, ± 1910 1

The prison in the Elverdinge Street

La prison dans la rue d'Elverdinge

De ruïnes van de gevangenis 2
The ruins of the prison
Les ruines de la prison

Ingang van de gevangenis
Entrance to the prison
L'entrée de la prison

There was a Town Major of Ypres. Men said it was a sentence of death to any officer appointed to that job. I think one of them I met had had eleven predecessors. He sat in a cellar of the old prison, with walls of sandbags on each side of him, but he could not sit there very long at a stretch, because it was his duty to regulate the traffic according to the shell-fire. He kept a visitors' book as a hobby – until it was buried under piles of prison – and was a hearty, cheerful soul, in spite of the menace of death always about him.

Philip Gibbs. *Now it can be told.* New York - London: Harper & Brothers, 1920.
Philip Gibbs (1877-1962) was one of the five journalists selected by the government to become official war correspondents with the British Army. He had to submit all his reports to the censorship.

Er was een Town Major in Ieper. Voor een officier die deze post kreeg, was het alsof hij de doodstraf kreeg. Ik denk dat degene die ik ontmoette reeds elf voorgangers telde. Hij zat in een kelder van de oude gevangenis omringd door muren van zandzakken. Lang kon hij er niet schuilen, want hij moest het verkeer regelen in functie van de beschietingen. Als hobby hield hij een bezoekersregister bij, tot het op een dag opbrandde onder de smeulende puinen van de gevangenis. Hij was een hartelijke en opgewekte man, hoewel de dood hem constant beloerde.

Il y avait un Town Major à Ypres. Dans l'armée on disait que recevoir cette affectation valait une condamnation à la peine capitale. Je crois que celui que j'ai rencontré avait eu onze prédécesseurs. Son bureau se trouvait dans la cave de la vieille prison. Des sacs de sable le protégeaient de chaque côté mais il ne pouvait rester assis longtemps car ses fonctions l'appelaient à organiser la circulation, en fonction des obus qui tombaient. Il avait un passe-temps, un registre où il recueillait les signatures de ses visiteurs et qui finit enterré sous les décombres du bâtiment. Malgré la mort qui rôdait autour de lui, c'était quelqu'un de joyeux et de chaleureux.

A LA VILLE DE PEKIN
ESTAMINET

Ieperlingen vluchten de stad uit via de Tempelstraat, 18 april 1915

Citizens of Ypres escape the city by way of the Tempel Street

Des Yprois fuient la ville par la rue du Temple

‹ DOORS WITHOUT BUILDINGS ›

We walked through the town. One street after another opened up its perspective of destruction. The strange antics that shell fire plays had left doors and lintels standing without buildings, had left intact here and there pieces of furniture. There was an occasional picture on an exposed wall; iron street lamps had been twisted into travesties; whole panes of glass remained in facades behind which the buildings were gone. A part of the wooden scaffolding by which repairs were being made to the old tower of the Cloth Hall hung there uninjured by either flame or shell. On one street all the trees had been cut off as if by one shell, about ten feet above the ground, but in another, where nothing whatever remained but piles of stone and mortar, a great elm had apparently not lost a single branch.

Mary Roberts Rinehart. *Kings, Queens And Pawns. An American Woman at the Front.* New York, George H. Doran, 1915.
The American author Mary Roberts Rinehart (1876-1958) wrote more than 50 books, eight plays, hundreds of short stories, poems, travelogues and special articles.

We wandelden door de stad. De ene straat na de andere bood ons een blik op de verwoesting. De vreemde kronkels die granaten maken wanneer ze inslaan hadden deuren en bovendorpels laten staan, hadden hier en daar stukken meubilair onbeschadigd gelaten. We zagen het sporadische kader dat nog aan een blootgestelde muur hing, ijzeren straatlampen die op bespottelijke wijze verwrongen waren, hele ruiten die in de gevels waren blijven staan terwijl de huizen erachter verdwenen waren. Een stuk van de houten stelling waarmee men herstellingen aan de oude toren van de Lakenhalle aan het uitvoeren was, hing daar onaangeraakt door vuur noch granaat. In één straat waren alle bomen vanaf een meter of drie weggemaaid als door een enkele inslag, maar in een andere, waar niets overbleef buiten wat hopen steen en mortel, stond een grote iep die schijnbaar geen enkele tak had verloren.

Nous nous promenions à travers la ville. Une rue après l'autre ouvrait sa perspective de destruction. L'étrange jeu du hasard a fait que les obus avaient laissé certains linteaux et portes debout, mais pas les bâtiments et qu'ils avaient même ici et là laissé intact du mobilier. Occasionnellement, il restait une photo sur un mur dénudé ; des réverbères en fer étaient tordus et ressemblaient à des caricatures ; des vitrages entiers restaient dans les façades derrière lesquelles les bâtiments avaient disparu. Une partie de l'échafaudage en bois qui servait à effectuer des réparations à la vieille tour de la Halle aux draps avait survécu aux flammes et aux obus. Dans une rue, tous les arbres avaient été coupés, comme par un seul obus, à environ dix pieds au-dessus du sol, mais dans une autre rue, où rien ne restait qu'un tas de pierres et de mortier, un grand orme semblait ne pas avoir perdu une seule branche.

1

2

1 Gustave de Stuersstraat: herberg *Grand Tivoli* en toegang tot Hutsepot, 1911

Gustave de Stuers Street: the inn *Grand Tivoli* and entrance to the Hutsepot

Rue Gustave de Stuers: café *Grand Tivoli* et entrée au Hutsepot

2 De ruïnes van herberg *Grand Tivoli*, 19 maart 1917

The ruins of the inn *Grand Tivoli*

Les ruines du café *Grand Tivoli*

‹ Vernielde woningen op het Vandenpeereboomplein, april 1915
Devastated houses on the Vandenpeereboom Square
Des maisons dévastées à la Place Vandenpeereboom

‹ ALS HET DECOR VOOR EEN KLUCHTSPEL ›

We had seen other ruined towns, but none like this. The towns of Lorraine were blown up, burnt down, deliberately erased from the earth. At worst they are like stone-yards, at best like Pompeii. But Ypres has been bombarded to death, and the outer walls of its houses are still standing, so that it presents the distant semblance of a living city, while near by it is seen to be a disembowelled corpse. Every window-pane is smashed, nearly every building unroofed, and some house-fronts are sliced clean off, with the different stories exposed, as if for the stage-setting of a farce. In these exposed interiors the poor little household gods shiver and blink like owls surprised in a hollow tree. A hundred signs of intimate and humble tastes, of humdrum pursuits, of family association, cling to the unmasked walls. Whiskered photographs fade on morning-glory wallpapers, plaster saints pine under glass bells, antimacassars droop from plush sofas, yellowing diplomas display their seals on office walls. It was all so still and familiar that it seemed as if the people for whom these things had a meaning might at any moment come back and take up their daily business.

We hadden andere vernielde steden gezien, maar geen zoals deze. De steden in Lotharingen waren opgeblazen, afgebrand, opzettelijk weggevaagd. Op hun slechtst zagen ze er uit als een steenerf, op hun best als Pompeji. Maar Ieper was dood gebombardeerd en omdat de buitenmuren van de huizen nog rechtop staan lijkt ze van ver op een levende stad, maar van dichtbij ziet ze er uit als een opengereten lijk. Elke ruit is stukgeslagen, haast elk gebouw heeft zijn dak verloren en sommige gevels zijn eenvoudig weggesneden, waardoor de verschillende verdiepingen zichtbaar worden, alsof ze het decor vormen voor een kluchtspel. In deze blootgestelde interieurs staan de armzalige huisgoden te huiveren en te knipogen als uilen die verrast werden in een holle boom. Honderden tekens van persoonlijke en eenvoudige smaak, van het alledaagse streven, van familiebanden, klampen zich vast aan de tentoongespreide wanden. Foto's van mannen met fijne snorren verbleken tegen het bloemmotief van het behang, plaasteren heiligen kwijnen weg onder hun glazen stolp, kanten kleedjes hangen lusteloos over stoffen fauteuils, diploma's aan de muren van kantoren pronken met hun titels terwijl ze langzaam vergelen. Het was alles zo onbewogen en bekend dat het leek of de mensen voor wie deze dingen iets betekenden op elk ogenblik konden terugkeren om de draad weer op te pikken.

Edith Wharton. *Fighting France. From Dunkerque to Belfort.* New York: Charles Scribner's Sons, 1915.
Edith Wharton (1862-1937), American writer. During the First World War 1914-1918 she devotes time to refugee and charity work in France. In 1920 she was awarded the Pulitzer Prize for her novel, *The Age of Innocence.*

‹ De Diksmuidsestraat met links de Sint-Franciscusschool, ± 1900
The Diksmuide Street with the Sint-Franciscus School on the left
La rue de Dixmude et à gauche l'école St.-François

De Sint-Franciscusschool, 27 december 1916
The Sint-Franciscus School, 27 December 1916
L'école St.-François, 27 décembre 1916

9 maart 1917
9 March 1917
9 mars 1917

SUCCESSEUR
50

Het Huis Biebuyck, 27 december 1916
The Biebuyck House
La Maison Biebuyck

De ruïnes van het Huis Biebuyck met schuilkelders, 1919
The ruins of the Biebuyck House with shelters
Les ruines de la Maison Biebuyck avec abris

‹ LIVING UNDERGROUND ›

‹ Het Huis Biebuyck uit 1544 in de Diksmuidsestraat, ca 1900

The Biebuyck House from 1544 in the Diksmuide Street

La Maison Biebuyck datant de 1544 dans la rue de Dixmude

In Ypres city that spring [March 1916], there was not one single building habitable, though many of them retained the shapes of human dwellings. The Battalion Messes were all underground in cellars, a couple of which, with a hole knocked through the dividing walls, made a good anteroom; but their sole light came from a small window which also gave passage to the stove-pipe. A tired man could doze down there, in gross fuggy warmth and a brooding stillness broken only by the footsteps of small parties moving without ostentation until the triple whistle of the aeroplane-watchers sent feet scurrying loudly to cover.

Rudyard Kipling. *The Irish Guards in the Great War: The Second Battalion*. London: Macmillan, 1923. Joseph Rudyard Kipling (1865-1936) was a British author and poet. He is best known for the book of children's stories *The Jungle Book* (1894). In 1907, he was awarded the Nobel Prize for Literature. His eldest son, John, died in 1915 at the Battle of Loos. He wrote a history of the Irish Guards, his son's regiment.

In de stad Ieper was er die lente [maart 1916] geen enkel huis nog bewoonbaar, hoewel vele ervan nog de vormen van menselijke woonsten behielden. De eetzalen van de bataljons bevonden zich ondergronds, in kelders. Enkele hadden een gat dat door de scheidingsmuren geklopt was, wat een geschikt voorvertrek opleverde. Doch het licht kwam enkel via een klein venster waarlangs ook de kachelpijp stak. Een vermoeide man kon er een dutje doen, in de muffe warmte en broedende stilte die slechts werd doorbroken door de voetstappen van kleine groepjes mensen die zich zonder veel vertoon voortbewogen; totdat het drievoudige fluitsignaal van de vliegtuigwachters schalde, en ze luidruchtig dekking zochten.

Ce printemps-là, il ne restait aucun bâtiment habitable dans la ville d'Ypres, bien que beaucoup d'entre eux aient conservé la forme des habitations humaines. Tous les mess des officiers du bataillon avaient trouvé refuge dans des caves. Certains d'entre eux possédaient une antichambre grâce à un trou creusé dans les murs de cloisonnement. Leur seule source de lumière provenait de la lucarne par où passait le tuyau du poêle. Un homme fatigué pouvait y somnoler dans la chaleur, le manque d'aération et le silence pesant qu'interrompaient les pas de détachements se déplaçant sans précaution, jusqu'à ce que le triple coup de sifflet de la défense anti-aérienne envoie tout le monde se réfugier bruyamment.

1

2

Britse troepen trekken naar het front via de Maloulaan, 27 oktober 1917 1
British troops marching to the front on Malou Avenue
Des troupes britanniques, sur le boulevard Malou, marchent vers le front

De Maloulaan na de oorlog 2
The Malou Avenue after the war
Le boulevard Malou après la guerre

De Maloulaan, ± 1900
The Malou Avenue
Le boulevard Malou

GRAND PLACE
LILLE GATE
MENIN GATE
POTIJZE
KRUISSTRAAT
DICKEBUSCH
Ypres. Boulevard Malou
fev. 1919. repint

‹ De Diksmuidsestraat, juli 1916
The Diksmuide Street
La rue de Dixmude

‹ NAARGEESTIGE SKELETTEN ›

Before you rises the great mound of Ypres. In the distance it looks like a living city with a quaintly broken skyline, but as you approach you see that it is only the tomb of a city, standing there desolate and shattered in the midst of a universal desolation. It is midday as you pass through its streets, but there is no moving thing visible amidst the ruins. The very spirit of loneliness is about you – not the invigorating loneliness of the mountain tops, but the sad loneliness of the grave.
I have stood upon the ruins of Carthage, but even there I did not feel the same sense of solitude that I felt as I walked the streets of Ypres. There, at least, the birds were singing above you, and the Arab sat beside his camel on the grass in the sunshine. Here nature itself seems blasted by some dreadful flame of death. The streets preserve their contours, but on either side the houses stand like gaunt skeletons, roofless and shattered, fronts knocked out, floors smashed through or hanging in fragments, bedsteads tumbling down through the broken ceiling of the sitting-room, pictures askew on the tottering walls, household treasures a forlorn wreckage, hats still hanging on the hat-pegs, the table-cloth still laid, the fireplace lustreless with the ashes of the last fire.

Voor ons verrijst de grote aardhoop van Ieper. Vanuit de verte lijkt het wel een levende stad, hoewel met een grillig gebroken silhouet, maar wanneer men dichterbij komt, ziet men dat het enkel de graftombe van een stad is die daar desolaat en kapotgeslagen staat temidden van een algehele verlatenheid. Het is middag wanneer je door de straten loopt, maar niets beweegt er tussen de ruïnes. Het is de geest van de eenzaamheid zelf die je omringt – niet de opbeurende eenzaamheid van het hooggebergte, maar de sombere eenzaamheid van het graf. Ik heb op de ruïnes van Carthago gestaan, maar zelfs daar voelde ik me niet zo vereenzaamd als hier in de straten van Ieper. Daar had je tenminste nog het gezang van de vogels boven je en de Arabier die naast zijn kameel in de zon zat. Hier lijkt het of de natuur zelf werd weggeblazen door één of ander verschrikkelijk vuur van de dood. De straten hebben nog hun omlijning, maar aan weerszijden staan slechts de ingevallen skeletten van huizen, zonder dak en gebroken, hun gevels weggeslagen, de vloeren doorboord of nog slechts ten dele opgehangen, een bedstee die door het gapende gat in de woonkamer is beland, kaders schots en scheef aan de wankele muren, de trots van het huishouden nog slechts een ellendig overblijfsel, hoeden achtergelaten aan de haak, het tafelkleed nog uitgelegd, de haard dof van de asse van het laatste vuur.

Alpha of the Plough. *Pebbles on the Shore.* New York: J.M. Dent, 1917.
Alfred George Gardiner (1865-1946), British author and journalist. In 1902 he was appointed editor of the *Daily News* which he made into one of the leading liberal journals of the day. From 1915 he also contributed to the *Star* under the pseudonym 'Alpha of the Plough'.

Canadese journalisten aan de Rijselpoort, 29 juli 1918
Canadian journalists at the Lille Gate
Des journalistes canadiens à la Porte de Lille

Zwanen aan de Rijselpoort, 1917
Swans at the Lille Gate
Des cygnes à la Porte de Lille

De Rijselpoort na de oorlog
The Lille Gate after the war
La Porte de Lille après la guerre

October 24th 1917. The swans from the Lille Gate sailed round this morning. The cob, a great beauty, appears to have been wounded. One of his digits of his left wing looks as if it had been broken and had set badly. These birds have become legendary. Their appearance at the Menin Gate foretells a peaceful day, their disappearance, no one knows whither, portends a bombardment.

J.C. Dunn. *The War the Infantry Knew: A Chronicle of Service in France and Belgium.* London: P. S. King & son, 1938.
Captain J.C. Dunn was Regimental Medical Officer of 2nd Battalion Royal Welsh Fusiliers. A courageous soldier and an impressive man; he was mentioned by both Robert Graves and Siegfried Sassoon in their famous books with respect and admiration.

De zwanen van de Rijselpoort dreven rond deze morgen. Het mannetje, een geweldige schoonheid, lijkt gewond te zijn. Eén van de pennen van zijn linkervleugel ziet er gebroken uit. Deze vogels zijn legendarisch geworden. Als ze aan de Menenpoort opdagen, voorspelt dat een vreedzame dag. Wanneer ze verdwijnen, niemand weet waarheen, is dat een voorteken van een bombardement.

Les cygnes de la Porte de Lille sont apparus ce matin. Le mâle, d'une grande beauté, semble avoir été blessé. L'un des os de son aile gauche apparaît cassé et mal remis. Ces oiseaux sont devenus légendaires. Leur apparition Porte de Menin indique que la journée sera calme mais leur disparition, Dieu sait où, annonce un bombardement.

Australische militairen bij de vestingmuren aan de Boterplas, 19 september 1917 ›
Australian troops at the remparts
Des troupes australiens près des ramparts

De vestingmuren in de zeventiende eeuw aangelegd door Vauban, ± 1905
The ramparts, constructed bu Vauban in the 17th century
Les remparts aménagés au 17ème siècle par Vauban

‹ DE VLOEK VAN DE POORTEN ›

De Menenpoort, 14 september 1917
The Menin Gate
La Porte de Menin

"Which gate did you come in at?" was a very common question which one officer would ask another on their return from work in the trenches. "I came in by the Dixmude Gate", or "I came in by the Menin Gate", would be the reply. And some would say that they had avoided 'gates' altogether and threaded their way across the open. These gates were places of evil omen. The enemy had the exact range of them, and knew when working parties would be likely to be passing them. And upon no spot was conferred a greater legacy of awe than upon the Menin Gate. It was always one of the most terrible spots in Ypres. People were killed there every day. To go past the Menin Gate was considered to be asking for it.

Thomas Hope Floyd. *At Ypres with Best-Dunkley.* London - New York: John Lane, 1917.

Ik hoorde geregeld een officier vragen aan een collega die terugkeerde van de loopgraven via welke poort ze de stad waren binnengekomen. "Ik kwam via de Diksmuidepoort" of "Ik kwam via de Menenpoort", kon dan het antwoord zijn. Sommigen vertelden dat ze alle 'poorten' vermeden en zich ergens tussenin een weg baanden. Op de poorten van Ieper rustte een vloek. Ze lagen duidelijk binnen het vizier van de vijand die wist wanneer hier troepen langskwamen. Geen enkele poort was zo verdoemd als de Menenpoort. Het was één van de meest beangstigende plaatsen van Ieper. Elke dag vielen er doden. Wie door de Menenpoort trok, zette zijn leven op het spel.

«Par quelle porte es-tu passé?» est une question que se posaient fréquemment les officiers à leur retour des tranchées. «Par celle de Dixmude» ou bien «Celle de Menin» répondait-on. Certains disaient qu'ils avaient évité d'utiliser les portes. Elles avaient mauvaise réputation: l'ennemi en connaissait l'emplacement exact ainsi que l'heure de passage des détachements. La Porte de Menin était la pire d'entre elles. C'était l'endroit le plus dangereux d'Ypres; on s'y faisait tuer tous les jours et utiliser cette porte revenait à signer son arrêt de mort.

1

2

1 De Menenpoort en de Meenseweg, ± 1910
The Menin Gate and the Menin Road
La Porte de Menin et la chaussée de Menin

2 Gezicht van de vernielingen, mei 1915
View of the destruction, May 1915
Vue des destructions, mai 1915

‹ DEAD HORSES ALONG THE WAY ›

Duitse krijgsgevangenen worden weggeleid langs de Meenseweg, 1917
German prisoners are led away on the Menin Road
Les prisonniers allemands sont emmenés sur la chaussée de Menin

Shells were falling in Ypres as we went through it. Across the Menin Bridge, the road, once a broad highway, had been narrowed to a mere path by pile on pile of shell-strewn bricks and stones. The houses were one by one completely disappearing, as though the space they occupied was required for other purposes and the demolition of each one of them was a preconceived part of a plan of extinction of all sign of habitation.
Dead horses in dozens along the way lay close to the wheel track. We passed an ambulance, its front portion torn away by a shell, and then the remnants of a supply wagon, smashed to matchwood.

Frederic Coleman. *With Cavalry in 1915. The British Trooper in the Trench Line through the Second Battle of Ypres.* London: Sampson Low, Marston & Co., 1916.
The American author and journalist Frederic Coleman was one of the volunteers of the Royal Automobile Club who put his services in the First World War at the disposal of the British Expeditionary Force.

De stad was het mikpunt van granaten toen we erdoor marcheerden. Voorbij de brug aan de Menenpoort, bleef van de vroegere brede hoofdweg nog enkel een smal pad over tussen hopen puin. De huizen verdwenen hier één na één alsof er voor hun plaats een andere bestemming voorzien was. De stelselmatige vernieling leek wel te kaderen in een plan om elk teken van bewoning uit te roeien. Tientallen dode paarden lagen langs de weg, tot dicht tegen de wielsporen. We stapten voorbij een ambulancewagen waarvan het voorste deel door een granaat was weggeslagen. Vervolgens zagen we de resten van een bevoorradingswagen die tot splinters was verbrijzeld.

Des obus continuaient de tomber lors de notre traversée d'Ypres. De l'autre côté du Pont de Menin, l'avenue, autrefois large, n'était plus qu'un sentier entre des piles de gravats provenant de briques et de pierres. Les maisons disparaissaient une à une, comme si leur emplacement était destiné à un autre usage et que leur démolition faisait partie d'un plan établi à l'avance et prévoyant la disparition de tout signe d'habitation. Tout au long de la rue, des cadavres de chevaux jonchaient la chaussée par dizaines. Nous passâmes à côté d'une ambulance dont l'avant avait été déchiré par un obus, puis devant un chariot de ravitaillement, réduit en miettes.

‹ Een Brits konvooi verlaat Ieper, 6 september 1917

British troop transports leaving Ypres

Des troupes britanniques quittent Ieper

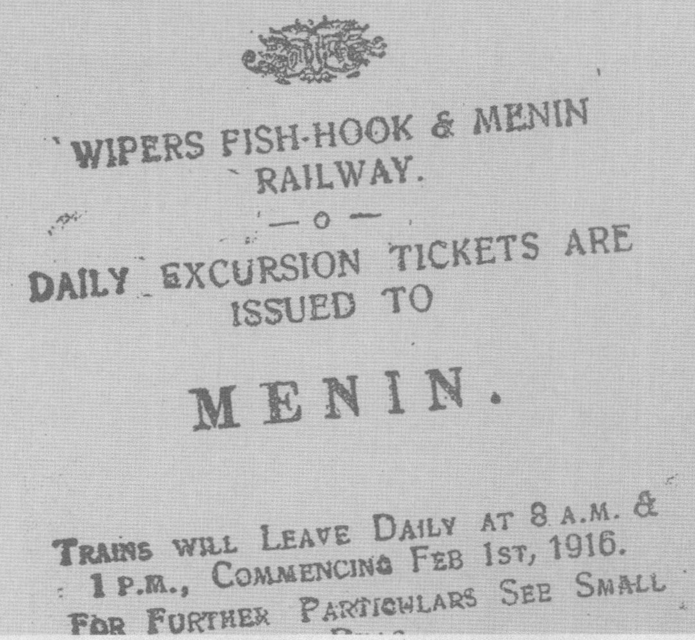

WIPERS FISH-HOOK & MENIN RAILWAY.

—o—

DAILY EXCURSION TICKETS ARE ISSUED TO

MENIN.

TRAINS WILL LEAVE DAILY AT 8 A.M. & 1 P.M., COMMENCING FEB 1ST, 1916.
FOR FURTHER PARTICULARS SEE SMALL

The Wipers Times, 12 February 1916

Troepen rijden voorbij Hell Fire Corner, 27 september 1917
Troops pass Hell Fire Corner
Passage de troupes à Hell Fire Corner

1

2

1 Australische cavalerie op de Meenseweg, 26 september 1917
Australian cavalry on Menin Road
Cavalerie australienne sur la chaussée de Menin

2 Dode paarden langs de Meenseweg
Dead horses on Menin Road
Chevaux morts sur la chaussée de Menin

Schuilplaatsen uitgegraven in de vestingen dichtbij de Menenpoort (Bollingstraat), 1915
Dugouts in the ramparts near the Menin Gate (Bolling Street)
Abri dans les remparts près de la Porte de Menin (Rue de la Boule)

Zelfde zicht, 14 september 1917
Same view
Même vue

UNDER ENTIRELY
NEW
MANAGEMENT.

—o—

HOTEL
DES RAMPARTS.

—o—

NO EXPENSE HAS BEEN
SPARED BY THE NEW
MANAGEMENT IN THE
RE-DECORATING AND
RE-FITTING OF THIS
FIRST-CLASS HOTEL.

———

SPECIALLY RECOMMENDED
TO BUSINESS MEN.

———

New Electric Installation. 5 Private Lines. Tel Pioneers, Ypres.

The Wipers Times, 12 February 1916

‹ Australische militairen gehuisvest in kazematten
Australian troops billeted in casemates
Des troupes australiennes cantonnées dans des casemates

Winkel in de Diksmuidsestraat, 29 februari 1917 ›
Shop in the Diksmuide Street
Magasin dans la rue de Dixmude

De Elverdingsestraat, met links de Herejansstraat, 1911
The Elverdinge Street, with Herejan Street on the left
La rue d'Elverdinge avec à gauche la rue Chevalier Jean

Zelfde zicht, 29 januari 1917
Same view
Même vue

‹ De Sint-Jacobskerk, gezien vanuit de Sint-Jacobsnieuwweg, begin 1915
The St. Jacob's Church, seen from the Sint-Jacobsnieuwweg, early 1915
L'église Saint-Jacques, vu de la rue Saint Jacques, début 1915

1

2 3

De Sint-Jacobskerk, ± 1900 1
The St. Jacob's Church
L'église Saint-Jacques

De kerk gezien van over het puin van het Sint-Vincentiuscollege, 1915 2
The church seen from across the rubble of Saint Vincent's College
L'église vu par-dessus les décombres du collège Saint-Vincent

De kerkruïne na de oorlog 3
The ruin of the church after the war
L'église en ruines après la guerre

Gezicht van onder de Donkerpoort
View from under the the Dark Gate
Vue en dessous du Donkerpoort

Het zuidelijke portaal, 27 december 1916
The south portal
Le portail sud

‹ NO BUYERS FOR CHIPS OF THE CATHEDRAL ›

‹ Het zuidelijke portaal van de Sint-Maartenskerk, ± 1900

The south portal of the St. Martin's Church

Le portail sud de l'église Saint Martin

October 20th 1917. A long search of the fallen masonry of the cathedral for a volute or some such ornament was bootless, although that is not the sort of souvenir to be taken readily. A party of Belgian troops, sent to save a bell, armed itself with hammer and chisel and offered chips at a price. I saw no buyers.

J.C. Dunn. *The War the Infantry Knew: A Chronicle of Service in France and Belgium*. 1938.
dokter bij de Royal Welsh Fusiliers
Captain J.C. Dunn was Regimental Medical Officer of 2nd Battalion Royal Welsh Fusiliers. A courageous soldier and an impressive man; he was mentioned by both Robert Graves and Siegfried Sassoon in their famous books with respect and admiration.

Een lange zoektocht in het puin van de kathedraal naar een krulornament of iets dergelijks was vergeefs. Een groepje Belgische soldaten, gestuurd om een klok in veiligheid te brengen, had zich met hamer en beitel gewapend en bood delen van het metselwerk te koop aan. Ik zag geen kopers.

Nous avons longuement fouillé parmi les décombres de la Cathédrale pour y trouver des volutes ou d'autres ornements de ce type, mais sans succès, bien que ce ne soit pas vraiment le genre de souvenirs que l'on veuille emporter avec soi. Un détachement de l'armée belge, envoyé pour récupérer une cloche, s'est équipé d'un marteau et d'un burin pour vendre des éclats de maçonnerie, mais je n'ai pas vu de candidats.

De monumentale ruïne, 1915
The monumental ruine
La ruïne monumentale

De kerktoren, 29 oktober 1915
The tower of the church
La tour de l'église

‹ SO PROUD IN DEATH ›

June 1915. We had just reached the square before the cathedral when the cannonade began, and its roar seemed to build a roof of iron over the glorious ruins of Ypres. The singular distinction of the city is that it is destroyed but not abased. The walls of the cathedral, the long bulk of the Cloth Market, still lift themselves above the market place with a majesty that seems to silence compassion. The sight of those facades, so proud in death, recalled a phrase used soon after the fall of Liege by Belgium's Foreign Minister – "La Belgique ne regrette rien" – which ought some day to serve as the motto of the renovated city.

Edith Wharton. *Fighting France. From Dunkerque to Belfort.* New York: Charles Scribner's Sons, 1915.
Edith Wharton (1862-1937), American writer. During the First World War 1914-1918 she devotes time to refugee and charity work in France. In 1920 she was awarded the Pulitzer Prize for her novel, *The Age of Innocence*.

We hadden pas het plein voor de kathedraal bereikt toen de beschieting begon en het gebulder ervan scheen als een ijzeren gewelf over de glorierijke ruïnes van Ieper te hangen. Het enige waarin de stad zich nog onderscheidde was dat ze vernield maar niet verdeemoedigd was. De muren van de kathedraal en het lange logge blok van de Lakenhalle rijzen nog uit boven het marktplein met een grootsheid die alle deernis doet verstillen. Het gezicht van deze gevels, zo trots nog in de dood, deed denken aan een zin uitgesproken door de Belgische minister van Buitenlandse Zaken kort na de val van Leuven – "La Belgique ne regrette rien" – die op een dag tot leuze van de heropgebouwde stad zou moeten dienen.

Nous venions à peine d'atteindre la Grand Place lorsque la canonnade reprit. Son grondement formait comme une voûte de fer au-dessus des ruines glorieuses d'Ypres. C'est la particularité de cette ville qu'elle est peut-être détruite, mais elle n'est pas vaincue. Les murs de la cathédrale et le corps tout en longueur de la Halle aux draps s'élancent toujours au-dessus de la place du marché avec une majesté qui interdit la pitié. La vue de ces façades, dont la mort n'a pas éteint la fierté, rappelle la phrase du ministre belge des Affaires étrangères à la chute de Liège: «La Belgique ne regrette rien». Elle devrait un jour servir de devise à la ville reconstruite.

‹ De ravage na de beschietingen van november 1914

The devastation after the shellings of November 1914

Le ravage après les canonnades de novembre 1914

1 2
3

29 oktober 1915 1
29 October 1915
29 octobre 1915

20 december 1916 2
20 December 1916
20 décembre 1916

28 februari 1918 3
28 February 1918
28 février 1918

‹ Een Britse en een Belgische militair poseren in de Sint-Maartenskerk, 14 december 1915
A British and a Belgian soldier posing in the Saint Martin's Church
Un militaire britannique et un militaire belge posent dans l'église Saint Martin

‹ A TUNE ON A CRACKED KEY-BOARD ›

De Diksmuidsestraat, nabij de Slachthuisstraat, 1900
The Diksmuide Street
La rue de Dixmude

Het vernielde huis uit 1687, 9 maart 1917
The damaged house from 1687
La maison datant de 1687 détruite

We hadden geëvacueerde steden gezien, zoals Verdun, Badonviller en Raon-l'Étape, maar nooit zo een leegte als hier. Niet één mens in de straten. Oneindige rijen huizen keken ons toe vanuit hun verdwenen vensters. Onze voetstappen echoden als van een stampende menigte. Onze gedempte stemmen leken te schreeuwen. In een straat zagen we drie Engelse soldaten die een piano uit een huis droegen en op een handkar tilden. Ze hielden even halt om ons aan te staren, en wij, wij staarden terug. Het was alsof we in geen eeuwen nog een levend wezen gezien hadden! Eén van de soldaten klauterde op de kar en hamerde enkele klanken uit het kapotte klavier, waarop we allemaal in een lachen uitbarstten om het dwaze geluid… Daarna wandelden we verder en waren we opnieuw alleen.

We had seen evacuated towns – Verdun, Badonviller, Raon-l'Étape – but we had seen no emptiness like this. Not a human being was in the streets. Endless lines of houses looked down on us from vacant windows. Our footsteps echoed like the tramp of a crowd; our lowered voices seemed to shout. In one street we came on three English soldiers who were carrying a piano out of a house and lifting it onto a hand-cart. They stopped to stare at us, and we stared back. It seemed an age since we had seen a living being! One of the soldiers scrambled into the cart and tapped out a tune on the cracked key-board, and we all laughed with relief at the foolish noise... Then we walked on and were alone again.

Nous avions visité des villes évacuées – Verdun, Badonviller, Raon-l'Étape – mais nous n'avions jamais vu un tel vide. On ne voyait aucun être humain dans les rues. Des rangées sans fin de maisons nous contemplaient de leurs fenêtres vides. Nos pas résonnaient comme ceux d'une foule; nos paroles à voix basse nous semblaient être des cris. Nous rencontrâmes trois soldats anglais dans une rue. Ils sortaient un piano d'une maison pour le hisser sur une charrette à bras. Ils s'arrêtèrent pour nous dévisager et nous aussi. Cela faisait tellement longtemps que nous n'avions vu d'êtres vivants! L'un des soldats grimpa dans la charrette et se mit à jouer un air sur le clavier défoncé. Ce bruit absurde nous fit éclater de rire.

Edith Wharton. *Fighting France. From Dunkerque to Belfort.* New York: Charles Scribner's Sons, 1915.
Edith Wharton (1862-1937), American writer. During the First World War 1914-1918 she devotes time to refugee and charity work in France. In 1920 she was awarded the Pulitzer Prize for her novel, *The Age of Innocence.*

CLAUSTRUM Sti MARTINI.

‹ De Kloosterpoort, ± 1910
The Cloister Gate
La Porte du Cloître

De Kloosterpoort, 29 januari 1917
The Cloister Gate
La Porte du Cloître

‹ Australische militairen in de Elverdingsestraat, 23 oktober 1917

Australian soldiers in the Elverdinge Street

Des militaires australiens dans l'Elverdingestraat

Kloosterpoort en Sint-Maartenskerk, 14 december 1915

Cloister Gate and St. Martin's Church

La Porte du Cloître et l'église Saint Martin

Kloosterpoort en Sint-Maartenskerk, april 1916
Cloister Gate and St. Martin's Church
La Porte du Cloître et l'église Saint Martin

Het Sint-Christinabegijnhof uit 1638, ± 1900
The St. Christina Beguinage, built in 1638
Le béguinage St.-Christina datant de 1638

‹ Begijnhofhuis, 9 maart 1917
House in Beguinage
Maison dans le béguinage

The immediate future of Ypres, after the war, is plain. It will instantly become one of the show places of the world. Hotels will appear out of the ground, guides and touts will pullulate at the railway station, the tour of the ruins will be mapped out, and the tourists and globetrotters of the whole planet will follow that tour in batches like staring sheep. Much money will be amassed by a few persons out of the exhibition of misfortune and woe. A sinister fate for a community! Nevertheless, the thing must come to pass, and it is well that it should come to pass. The greater the number of people who see Ypres for themselves, the greater the hope of progress for mankind.

Arnold Bennett. *Over There. War Scenes on the Western Front.* New York: George H. Doran, 1915.
Arnold Bennett (1867-1931), one of the great 20th-century English novelists. After a tour at the Western Front in June 1915, Bennett was deeply shocked by the conditions in the trenches. *Over There* was an account of the war that would encourage men to join the British Army.

De onmiddellijke toekomst van Ieper, na de oorlog, ligt voor de hand. Het zal meteen één van de belangrijkste toeristische trekpleisters ter wereld worden. Hotels zullen verrijzen. Aan het station zal het krioelen van gidsen en sjacheraars. Een rondreis naar de ruïnes zal in kaart gebracht worden. En toeristen en reizigers van over heel de wereld zullen een dergelijke tocht in groep, als een kudde starende schapen, meemaken. Een klein aantal personen zal veel geld vergaren uit dit spektakel van ellende en rampspoed. Ongetwijfeld een onheilspellend lot! Niets kan dit verhinderen, en maar goed ook. Hoe meer mensen Ieper met hun eigen ogen zien, hoe groter de kans dat de mensheid er ook iets van opsteekt.

Le future d'immédiat d'Ypres, c'est à dire juste après la guerre, est facile à imaginer. La ville deviendra rapidement l'une des vitrines du monde. Des hôtels surgiront du sol, les guides et les racoleurs de toutes sortes pulluleront autour de la gare, on établira des plans de visite des ruines, que suivront, tels des troupeaux de moutons ébahis, les touristes et les globe-trotters du monde entier. Quelques individus gagneront beaucoup d'argent grâce à cette exploitation des misères de la guerre. Quel triste destin pour une communauté! Ces choses doivent néanmoins arriver, et c'est bien ainsi: plus les gens se déplaceront pour voir Ypres de leurs propres yeux, plus grand sera l'espoir de voir l'humanité faire quelques progrès.

‹ YPRES WILL BECOME ONE OF THE SHOW-PLACES OF THE WORLD ›

HOTEL DE GAND

‹ Het Genthof uit de 16de eeuw in de D'Hondtstraat, ± 1900
The Ghent Court dating from the sixteenth century in the D'Hondt Street
L'Hôtel de Gand du 16ème siècle dans la rue des Chiens

De D'Hondtstraat na de oorlog
The D'Hondt Street after the war
La rue des Chiens après la guerre

Het station van Ieper, ± 1910
Ypres Railway Station
La gare d'Ypres

Het Heilig Hartinstituut in de Poperingseweg, ± 1900
The Institute Sacré Coeur in the Poperinghe Road
L'Institut du Sacré Coeur dans la chaussée de Poperinghe

Na de oorlog
After the war
Après la guerre

‹ Ieper vanuit een observatieballon, 31 oktober 1917
Ypres from an observation balloon
Ypres d'un ballon d'observation

‹ THE ANCIENT RUINS OF POMPEII WILL BE OUT ›

It is really a wonderful sight – weird, grotesque, and desolate of course – but most interesting. I expect the place will be flooded with sight-seers and tourists after the war, and they will be amazed by what they see. The ancient ruins of Pompeii will be simply out of it.

Letter of J.W. Gamble, 23 December 1915.

Het is werkelijk een schitterend gezicht – akelig, grotesk en desolaat uiteraard – maar hoogst interessant. Ik verwacht dat het er na de oorlog overspoeld zal worden door toeristen, die verbaasd zullen zijn over wat ze hier te zien krijgen. De oude ruïnes van Pompeji zullen eenvoudigweg geen rol meer spelen.

Le spectacle était fascinant et des plus intéressants: le bizarre, le grotesque et le misérable s'y côtoyaient. Je suppose que la ville sera inondée de touristes après la guerre et qu'ils seront impressionnés par ce qu'ils verront. Les ruines antiques de Pompéi ne seront plus rien à côté de cela.

YPRES 1919

IEPER YPRES

Bootje op de vestinggracht om films te wassen
Boat on the moat of the ramparts to wash films
Bateau sur le fossé des remparts pour laver des films

‹ HET LEEK OP NIETS BEKEND MEER ›

Panorama van het vooroorlogse Ieper
Panorama of Ypres before the war
Panorama d'Ypres avant la guerre

Zomer 1919. Ik stond in de stad Ieper voor ik er mij er rekenschap van gaf. Het leek niet meer op Ieper. Het leek op niets bekends meer, maar het was van een zo indrukwekkende, tragische grootsheid, dat ik er lange minuten stil voor stond, als het ware nog niet voelend, niet begrijpend. (...)
Zodra ik door de poort was, stond ik in de stad, en in die stad was niets meer! Niets dan bleke hopen puin en diepe, dicht met gras begroeide kuilen en midden op een ruime lege plaats een fenomeen, een wonder van vernielde schoonheid: de tragische overblijfselen van de Hallen en de hoofdkerk!

Cyriel Buysse, 'Vredesdagboek' in *Verzameld Werk*, VI, Brussel, 1979.
Cyriel Buysse (1859-1932): Vlaanderens bekendste naturalistische romanschrijver.

I stood in the city of Ypres before I realised it. It did not look like Ypres any more. It did not look like anything known any more, but it was of such an impressive, tragic grandeur, that I remained silent for long minutes, not yet feeling, not understanding. (...)
As soon as I passed the gate, I stood in the city and in that city nothing was left! Nothing but pale heaps of ruins and deep, grass-covered holes and in the middle of a spacious empty square, a phenomenon, a wonder of destroyed beauty: the tragic remains of the Halls and the main church!

J'étais entré dans Ypres sans m'en rendre compte. Ça ne ressemblait plus à Ypres. Ça ne ressemblait plus à rien de connu, mais la grandeur du décor, impressionnante et tragique, me rendit muet pendant de longues minutes, sans que je ne puisse encore rien ressentir ou rien comprendre. (...)
J'ai pénétré dans la ville la porte à peine franchie. Rien n'était resté debout dans cette ville. Rien que de pâles tas de débris et de trous couverts de mauvaises herbes et au milieu d'une immense place vide, un miracle, une merveille de beauté détruite: les restes tragiques de la Halle et de la Cathédrale.

‹ Panorama van het stadscentrum vanaf de vestingen, februari 1919
Panorama of the town centre from the ramparts
Panorama du centre de ville, vue à partir des remparts

‹ De Oude Veemarkt, ± 1900
The Old Cattle Market
Le Vieux Marché au Bétail

De Oude Veemarkt na de oorlog
The Old Cattle Market after the war
Le Vieux Marché au Bétail après la guerre

De Kauwekijnstraat met rechts de vestingen, 1915
The Kauwekijn Street with the ramparts at the right side
La rue du Corbeau avec les remparts à droite

De Kauwekijnstraat na de oorlog
The Kauwekijn Street after the war
La rue du Corbeau après la guerre

‹ Het postgebouw in de Rijselsestraat, ± 1910
The Post Office in the Lille Street
L'Hôtel des Postes dans la rue de Lille

Heropbouw van het postgebouw, 1922
Reconstruction of the Post Office
Réconstruction de l'Hôtel des Postes

Belgische militairen op de Grote Markt, 1913
Belgian soldiers on the Market Square
Des militaires belges sur la Grand Place

Toeristen maken een excursie per koets, 1919
Tourists make an excursion by coach
Des touristes font une excursion en carrosse

‹ THE WRONG TURNING... ›

There was scarcely a soul about and the midday sun gave light and heat and energy to nothing but a few poor blades of grass... As we stood in the square, a party of American sisters passed through on a bus. They might have accidentally taken the wrong turning from Piccadilly Circus into the Land-that-never-could-be-in-a-civilized-world; they looked so out of place.

Letter of Phyllis Goodliff, a secretary of the British Red Cross based in Boulogne, 22 January 1919.

Er was nauwelijks iemand te zien. De middagzon gaf enkel licht, warmte en energie aan enkele grashalmen... Toen we op het plein stonden, kwam een groep Amerikaanse zusters met de bus aan. Ze hadden evengoed per ongeluk een verkeerde afslag genomen kunnen hebben op Piccadilly Circus, naar het Land-dat-niet-past-in-een-beschaafde-wereld. Wat een bizarre verschijning op deze plaats.

Il n'y avait pratiquement personne et le soleil de midi ne dispensait sa lumière, sa chaleur et son énergie qu'à quelques pauvres brins d'herbe. Alors que nous étions sur la place, un groupe de religieuses américaines nous dépassa en bus. Cette présence était si saugrenue qu'on aurait pu penser qu'elles s'étaient trompées de direction à Piccadilly Circus pour se retrouver dans ce Pays-inimaginable-dans-un-monde-civilisé.

‹ IK HAD ER GANS ALLEEN WILLEN ZIJN ›

"Het is gevaarlijk om in het puin te graven"
"It is dangerous to dig in the ruins"
"Il est dangereux de creuser dans les ruines"

Februari 1919
February 1919
February 1919

Lang heb ik daar rondgedwaald. Er waren weinig mensen om mij heen; maar er waren er toch nog veel te veel. Ik had er gans alleen willen zijn: alleen met mijn levende herinneringen, in die tragisch-levende ruïnes.
Wat lijkt dat klein, zo een totaal vernielde stad! Ik herinnerde mij van vroeger lange wandelingen door de pittoreske straten, lange haltes voor de mooie, oude geveltjes, lange stonden van bespiegelende mijmering in het verleden. Nu was ik er dadelijk doorheen. Nu had ik in enkele minuten alles afgelopen en stond ik weer, als magnetisch aangetrokken, voor de prachtige, grandioze bouwvallen van hoofdkerk en van Hallen.

Cyriel Buysse, 'Vredesdagboek' in *Verzameld Werk*, VI, Brussel, 1979.
Cyriel Buysse (1859-1932): Vlaanderens bekendste naturalistische romanschrijver.

J'y ai longuement flâné. Il y avait peu de monde autour de moi, mais encore trop à mon goût. J'aurais voulu être tout seul; seul avec les souvenirs de ma vie, au milieu de ces ruines où la tragédie est encore si palpable.
Comme cela semble petit, une ville ainsi totalement rasée! Je me rappelais mes longues balades de jadis par les rues pittoresques, mes longues haltes devant les jolies petites façades anciennes, mes longues heures de rêveuse méditation sur le passé. A présent, j'y étais plongé d'un seul coup; en quelques minutes, j'avais fait le tour et je me retrouvais, comme attiré par un aimant, devant les restes grandioses de la cathédrale Saint-Martin et de la Halle.

Long have I walked there. Not many people were about, but still too many for my taste. I would have wanted to be there all alone; alone but with my vivid memories, amid these ruins that were yet so tragically alive.
How small it looks, an entirely devastated city! From ages ago, I remembered long walks through the picturesque streets, long rests admiring the marvellous little old facades, long whiles of contemplative ponderings over bygones. Now I could traverse the town in scarcely any period of time. Now I had gone and seen everything in but a few minutes and I returned, as if magnetically attracted by them, before the terrific and grandiose ruins of the cathedral and the halls.

NOTICE.
THIS IS HOLY GROUND.
NO STONE OF THIS FABRIC MAY BE TAKEN AWAY.
IT IS A HERITAGE FOR ALL CIVILISED PEOPLES.
BY ORDER
TOWN MAJOR YPRES

NOTICE.
THIS IS HOLY GROUND.
NO STONE OF THIS FABRIC MAY BE TAKEN AWAY.
IT IS A HERITAGE FOR ALL CIVILISED PEOPLES.
BY ORDER
TOWN MAJOR YPRE

‹ DE ENGELSEN NOEMEN HET 'HEILIGE GROND' ›

1

2

1 De ruïnes van Lakenhallen, Sint-Maartenskerk en omliggende huizen bewaard in een 'zone de silence', 1920-21

The ruins of the Cloth Hall, St. Martin's church and surrounding houses preserved in 'a zone of silence'

Les restes de l'église Saint Martin, les Halles et les maisons avoisinantes intégrées dans une 'zone de silence'

2 Een wachtpost bewaakt het afgebakende herdenkingspark, 1919

Un poste de garde surveille le parc du souvenir délimité

A sentry post guards the fenced-off memorial park

Wij volgen de weg die ons naar de Grote Markt leidt. Niet één huis is blijven staan. De Engelse soldaten verbleven in de kelders, die metershoog met steengruis bedekt zijn. We zien de woonst van de Town Major. Op de Grote Markt geen huizen. De Halle, het stadhuis en de Sint-Maartenskerk vormen één puinhoop. Op een plank noemen de Engelsen het een 'Heilige grond'. Hij is omringd met draad en een schildwacht wandelt ervoor. Hier is het verboden barakken op te slaan. Een enkele uitzondering voor de British Tavern. Wij gaan er binnen om er het noenmaal te nemen. Het is 13.30 uur. Wij zijn dus vijf en een half uur op weg geweest.
Na wat uitgerust te hebben, doen wij een wandeling in de stad. Wij ontmoeten vele Franse reizigers. Zij dragen een kaart aan het knoopsgat: 'Excursion à l'Yser'. Wij gaan tot aan de Menenpoort. Op de vesting is een grond aan de Canadezen afgestaan om er een 'herinneringsoord' van te maken. Buiten de vesting zijn vele barakken opgeslagen. De kazematten werden door de Engelsen benuttigd.

Verslag van een uitstap van een Roeselaarse klas aan Ieper op 13 juli 1919.

We follow the way to the Grand Place. No house remains upright. The English soldiers camped in cellars, which are covered feet deep with dust and rubble. We see the house of the Town Major. On the Grand place no houses. The Halle, the town hall, and Saint Martin's church form one great ruin. Written on a wooden board, the English have called it 'Holy Ground'. It is surrounded by wire and watched by a guard. It is forbidden to set up shop here. One exception: the British tavern. We go in to eat the picnic we brought with us for lunch. It's 1.30 p.m. so we have been under way for five and a half hours.
After a moment's rest, we go for a walk in the city. We meet a lot of French travellers. They wear a badge in their buttonhole: 'Excursion à l'Yser'. We walk as far as Menin Gate. On the ramparts, a stretch of land has been ceded to the Canadians to make a 'memorial'. Outside the ramparts, many barracks have been built. The casemates were occupied by the English.

Nous suivons la voie jusqu'à la Grand Place. Aucune maison n'est restée debout. Les soldats anglais avaient établi leur bivouac dans des caves que recouvraient des mètres de pierres brisées. Nous regardons la résidence du Town Major. Aucune maison sur la Grand Place. La Halle, l'Hôtel de ville et l'église Saint-Martin ne sont qu'un amoncellement de ruines. Écrit sur une planche: «Holy Ground», c'est ainsi les Anglais l'ont baptisé. Il est entouré de barbelés et un soldat y monte la garde. Pas le droit d'installer un campement ici. Une exception: la taverne anglaise. On y entre pour y pique-niquer. Il est 13 h 30, donc cela fait cinq heures et demie que nous sommes en route. Après un court repos, nous sommes allés nous promener dans la ville. Nous avons rencontré beaucoup de voyageurs français. Ils portaient un badge annonçant «Excursion à l'Yser». Nous avons continué vers la Porte de Menin. Sur les remparts, une zone a été réservée aux Canadiens pour y construire un «Mémorial». À l'extérieur des remparts, on a installé beaucoup de campements. Les Anglais occupent les casemates.

Vluchtelingen keren terug naar Ieper, 1919
Refugees return to Ypres, 1919
Des réfugiés retournent à Ypres, 1919

1

2

3

Terug in Ieper 1
Back in Ypres
De nouveau à Ypres

Voorbereiden van plaats voor nieuw huis 2
Preparing site for new house
Préparer l'emplacement pour la nouvelle maison

Nieuw huis aan de Menenpoort 3
New house at the Menin Gate
Nouvelle maison à la Porte de Menin

YPRES 1919

CONSOMMATION SUR PLACE
CARTES ILLUSTRÉES
COMESTIBLES
CHARCUTERIE
G GILLIS
TOUS TRAVAUX EN BETON ARMÉ

Een invalide colporteur, 1921
An invalid souvenir-salesman
Un colporteur invalide

‹ VERGEVEN VAN COLPORTEURS ›

Als dollen op een lijk azen de colporteurs op Ieper. De straten zijn ervan vergeven. Men biedt u alles te koop aan. 'Un souvenir d'Ypres', houten en stenen frutselingen, gedenkenissen in ijzer, staal, been, linnen, karton, papier, aarde. Allemaal souvenirs van de ongelukkige stad. Dat men de zon, de sterren, de lucht boven Ieper kon bemachtigen, men zou ze in vorm van herinnering aanbieden.

Lode Opdebeek, *Op reis in Vlaanderen*, Antwerpen, L. Opdebeek, 1930.
Lode Opdebeek, oudstrijder 1914-18, stichtte in 1922 de uitgeverij L. Opdebeek, die vooral jeugdboeken, schoolboeken en volksromans in haar fonds telde. Zelf schreef hij onder het pseudoniem G. Raal o.a. *In Duitsche dagen, Soldatentypen uit den Grooten Oorlog*, en *De Tranen van Sint-Pieter*.

The peddlers of wares have their eye on Ypres. The streets are full of them. Everything is for sale. 'A souvenir of Ypres', wood and stone trinkets, commemorative iron, steel, bone, linen, cardboard, paper, earth; all of them souvenirs of the unhappy city. If the sun, the stars, and the air above Ypres could have been caught, they would have been offered as a memento.

Les vendeurs à la sauvette profitent d'Ypres. Les rues en sont pleines. On vend de tout. «Souvenir d'Ypres», colifichets de bois ou de pierre, objets commémoratifs en métal, de l'acier, des os, des chiffons, du papier et de la terre, que des souvenirs d'une ville malheureuse. Le soleil, les étoiles et l'air d'Ypres auraient aussi été vendus comme souvenir si l'on avait pu s'en saisir.

1

2

1 Barones Daisy de Vinck schildert de ruïnes van Ieper, 1919

Baroness Daisy de Vinck paints the ruins of Ypres

Baronne Daisy de Vinck peint les ruines d'Ypres

2 Winkel bij de Lakenhallen
Shop near the Cloth Hall
Magasin près des Halles

Edit. Grand Bazar Parisien.
Ypres. La Porte de Menin.
le 25-10-05 Gustave

Hotel *Ypriana*, 1919

‹ A CHEAP LITTLE BUILDING ON A SACRED SPOT ›

I was surprised to see anything at all of the once beautiful Cloth Hall. We took some snaps of the remains. A lot of discoloured bones were lying about among the debris disinterred from the cemetery by the bombardments.
Heaps of powdered bricks were all that remained of many of the houses. The town gasometer had evidently been blown completely into the air, what was left of it was perched on its head in a drunken fashion.
Beyond the gate of the town on the Menin Road stood a large unpainted wooden shanty.
I wondered what it could be and thought it was possibly a Y.M.C.A. hut. Imagine my surprise on closer inspection to see painted over the door in large black letters 'Ypriana Hotel'! It had been put up by an enterprising Belge. Somehow it seemed a desecration to see this cheap little building on that sacred spot.

Pat Beauchamp. *Fanny goes to war.* London: John Murray, 1919.
Pat Beauchamp joined in 1914 the FANY Corps (First Aid Nursing Yeomanry), that provided unofficial services to the British Army on the Western Front, including first aid, a hospital, ambulance drivers, canteens, mobile baths, mobile cinema. In January 1915 she was sent to Belgium.

Ik was verwonderd helemaal niets van de eens zo prachtige Lakenhalle te zien. We namen wat foto's van de resten. Heel wat verkleurde beenderen lagen tussen de brokstukken, door de bombardementen opgewoeld uit de grond van de begraafplaats.
Van vele huizen bleven enkel hopen baksteengruis over. Het gasreservoir was blijkbaar volledig de lucht ingeblazen; wat ervan overbleef, stond op zijn kop, schots en scheef als een dronkaard. Voorbij de stadspoort op de Meenseweg stond een grote ongeschilderde houten barak. Ik dacht in de eerste plaats aan een barak van de Y.M.C.A. Wat een verrassing toen ik zag, dat er op de deur in grote zwarte letters de naam 'Ypriana Hotel' geschilderd stond! Een ondernemende Belg was hiervoor verantwoordelijk. Op de een of andere manier leek het heiligschennis om dit ordinaire gebouw op deze sacrale plaats te zien.

Je fus surpris de constater qu'il restait quelque chose de la Halle aux draps. Nous prîmes des photos des ruines. Beaucoup d'os décolorés, que les bombardements du cimetière avaient exposés, gisaient au beau milieu des gravats. Il ne restait des anciennes maisons que des montagnes de briques empoussiérées. De toute évidence, le gazomètre de la ville avait explosé et ce qui en restait était retombé la tête en bas, un peu comme un ivrogne.
Au-delà de la porte de la ville, sur la route de Menin, on pouvait voir un baraquement de bois. Je me demandai ce que cela pouvait bien être et pensai qu'il s'agissait d'une hutte du YMCA. Imaginez ma surprise en découvrant «Ypriana Hotel», peint en grandes lettres noires sur la porte par un Belge à l'esprit d'entreprise! Dans une certaine mesure, ce petit bâtiment de rien me faisait l'effet d'un manque de respect dans un endroit aussi sacré.

1

2

1 De Menenpoort met de twee leeuwen, ± 1905

The Menin Gate with the famous lions

La Porte de Menin avec les lions célèbres

2 De Menenpoort, ± 1919
The Menin Gate
La Porte de Menin

‹ ETERS EN DRINKERS EN PRETMAKERS ›

De eerste fronttoeristen, pinkstermaandag 1919
The first pilgrims, Whit Monday
Les premiers touristes, lundi de Pentecôte

Het is al meer dan erg genoeg dat het heilige Ieper reeds zo schandelijk geprofaneerd is door al die houten barakken van eet- en drinkhuizen, die men er ten behoeve van de toeristen heeft opgericht. Toeristen in Ieper! Bedevaarders, moesten het zijn; stille, ernstige, ingetogen en ontroerde bedevaarders, en niet de smerige, lawaaiige benden eters en drinkers en pretmakers, die er nu de gewijde stemming komen verstoren. Maar helaas! De tijden van gevoel en wijding zijn voorbij. Het lelijke en grove zegevieren.

Cyriel Buysse, 'Vredesdagboek' in *Verzameld Werk*, VI, Brussel, 1979.
Cyriel Buysse (1859-1932): Vlaanderens bekendste naturalistische romanschrijver.

Il est déjà suffisamment déplorable de voir cette ville-sanctuaire profanée par la présence de tous ces snacks de carton-pâte installés pour les touristes. Des touristes! À Ypres! Ce sont plutôt des pèlerins qu'on attendrait, des gens paisibles, sérieux, qui ont de la retenue et savent s'émouvoir, et non ces bandes débridées qui viennent boire, manger, et faire bruyamment la fête sans aucun respect pour le sacré. Mais hélas! … Le sacré n'a plus cours, pas plus que la sensibilité. La laideur et le vulgaire ont triomphé.

It is terrible enough already, how sacred Ypres has been so shamelessly profaned by all the wooden barracks of snack houses and eating joints erected for the tourists. Tourists in Ypres! They should be pilgrims; silent, serious, sober and emotionally moved pilgrims, but not these dirty, noisy hordes of eaters and drinkers and revellers who now come and upset the sacred atmosphere. But alas! The times of feeling and sacredness are over. The ugly and coarse triumph.

‹ De *British Tavern* tegenover de Lakenhallen, 1919
The *British Tavern* across the Cloth Hall
The *British Tavern* en face des Halles

GREAT CHOICE

THE SPLENDID
SPLENDID HOTEL
RESTAURANT
HOTEL

IN DE MEENENPOORTE
BY DEFORGE
DEGROOTE
RECONSTRUCTION AT YPRES 1919.

1

2

3

1 Café-restaurant aan de Meenseweg
Café-restaurant at the Menin Road
Café-restaurant à la Chaussée de Menin

2 Hotel *The Splendid*

3 De toeristische drukte juist buiten de Menenpoort, 1919
Tourist activity outside the Menin Gate
Animation touristique en dehors de la Porte de Menin

‹ A LUNCHEON BETTER THAN ONE COULD GET IN PARIS ›

There is one big hotel, built of wood, but spacious and even elegant, called the Splendid Hotel, surrounded by many little barraques, and in this I had a luncheon at a cost of 7 francs, better, I think, than one could get in Paris for twice that sum. The proprietor talked to me and explained the difficulties of life in Ypres for those who cater, like himself, to pilgrims. There is no water among the ruins for drinking or washing. Every drop of it has to be fetched from a distance. There is no light except that of oil-burning lamps. Food ordered in Brussels on Monday does not arrive in Ypres until Saturday, and it is impossible to get it in France, as the customs delays are insuperable.

Philip Gibbs, 'No poppies now in Flanders Fields', in *The New York Times*, 23 September 1919.
Philip Gibbs (1877-1962) was one of the five journalists selected by the government to become official war correspondents with the British Army.
He had to submit all his reports to the censorship.

Er is één groot hotel, het Splendid Hotel. Het gebouw is opgetrokken in hout, maar is wel ruim en zelfs elegant, omringd door verscheidene kleine barakken. Het middagmaal dat ik er nuttigde, ten bedrage van 7 frank, was volgens mij beter dan wat men in Parijs kon krijgen voor het dubbele van deze som. De eigenaar vertelde mij nochtans hoe moeilijk het was voor hem en anderen om in Ieper maaltijden aan te bieden aan toeristen. Tussen de ruïnes is er geen water om zich te wassen of te drinken. Elke druppel moet van op afstand aangevoerd worden. Er is evenmin verlichting, behalve die van olielampen. Het voedsel dat 's maandags in Brussel besteld wordt, arriveert niet voor zaterdag in Ieper.

Il existe un grand hôtel, bâti en bois mais vaste et même élégant. Il s'appelle le Splendid Hôtel et est entouré de nombreuses petites baraques. J'y ai déjeuné pour 7 francs, et mieux je pense que pour deux fois cette somme à Paris. Lors de notre conversation, le restaurateur m'a expliqué les difficultés que rencontrent les gens comme lui qui travaillent dans l'accueil des pèlerins à Ypres. Aucune ressource en eau n'est disponible au milieu des ruines et il faut aller chercher loin chaque goutte que l'on utilise pour cuisiner ou pour se laver. La seule lumière provient des lampes à huile. La nourriture commandée à Bruxelles le lundi n'arrive à Ypres que le samedi et il est impossible d'en faire venir de France en raison des retards dus aux formalités de douane.

Interieur van herberg *Au Café des Bouchers* op de hoek van de Oude Veemarkt en de Slachthuisstraat, ± 1911
Interior of the inn *Au Café des Bouchers* on the corner of the Old Cattle Market and the Slachthuis Street
Intérieur du bistrot *Au Café des Bouchers* au coin du Vieux Marché au Bétail et de la Rue de l'Abbatoir

Een herberg van ijzeren golfplaten, 1919
Estaminet converted from dugout
Estaminet sous une tôle ondulée

‹ Het interieur van de Sint-Pieterskerk, ± 1910
The interior of the St. Peter's Church
L'intérieur de l'église Saint Pierre

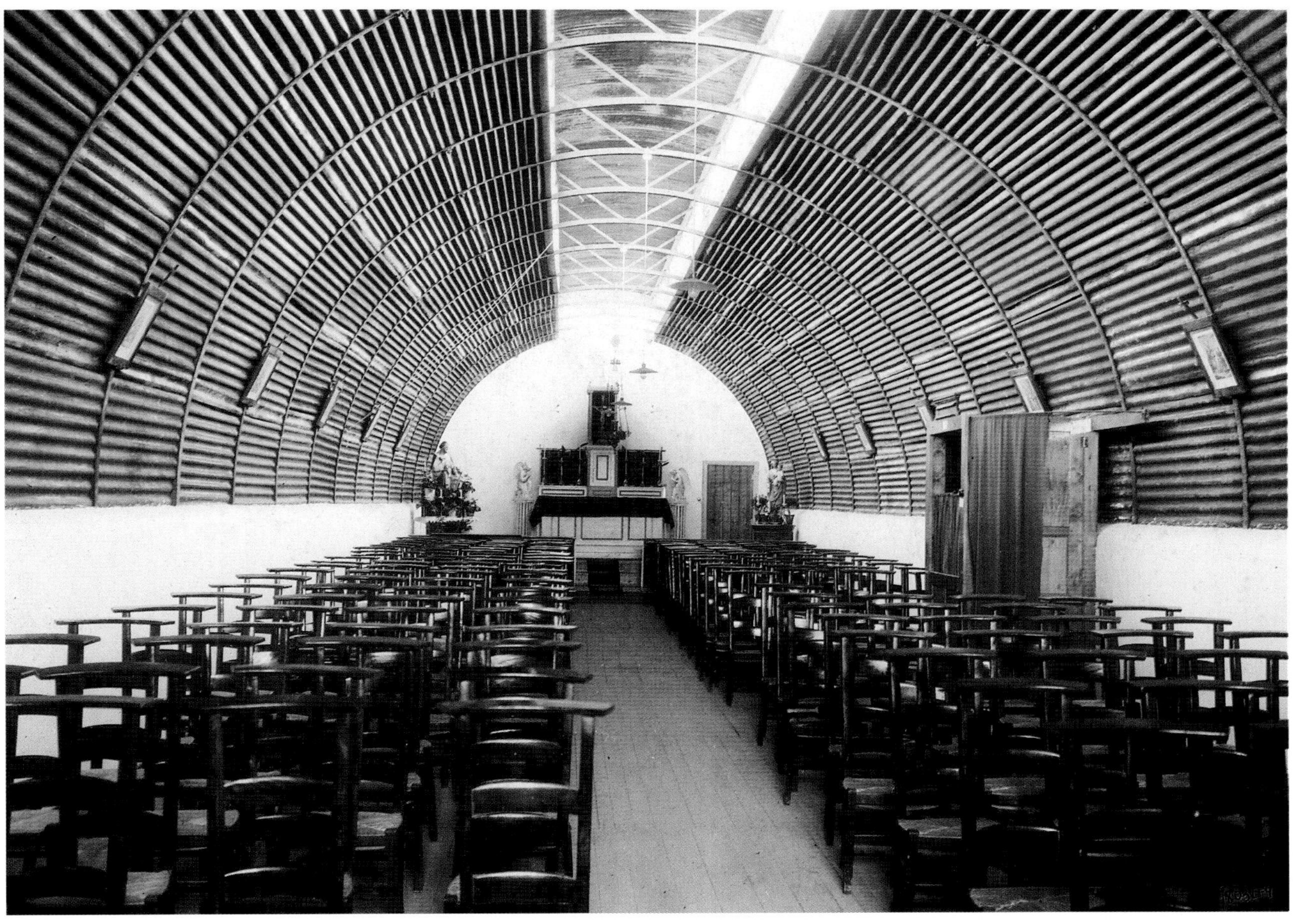

De voorlopige Sint-Maartenskerk op het Minneplein, ± 1920
The provisional St. Martin's Church on the Love's Place
L'église Saint Martin provisoire sur la Plaine d'Amour

‹ Houten barakken op het Minneplein
Wooden sheds on the Love's Place
Des baraques en bois sur la Plaine d'Amour

AVEC LEURS TOITS ROUGES ET JOYEUX

Et alors, dans ce désert, dans ce décor tragique, dans cette immensité de ruines, une surprise l'attend. Là-bas, au bord des chemins, marchant vers la cité martyre, des baraquements s'élèvent, noirs, blancs, roses, avec leurs toits rouges et joyeux. Il y en a des centaines jusqu'au cœur même de la ville, jusqu'à la Place de la Gare où vivent les huit cents Yprois restés au pays. Ces maisons improvisées mettent dans l'infini désolé de la plaine une tache claire de vie obstinée. C'est malgré tout une renaissance, timide encore, mais qui affirme la volonté de vivre, de rendre à la cité sacrée un peu de sa vitalité passée.

Paul Prist, *Ypres*, Brussel, Touring-Club de Belgique, 1920.

In die woestenij, dit tragische decor, in deze onmetelijkheid van ruïnes, wacht ons een verrassing. Daar, aan de kant van de wegen, lopend naar de martelaarsstad, verrijzen barakken, zwart, wit, roze, met hun rode en vrolijke daken. Er zijn er honderden van het hart van de stad tot aan het Stationsplein waar de achthonderd Ieperlingen leven die in het land gebleven zijn. Deze geïmproviseerde huizen vormen in de oneindig diepe droefenis van de vlakte een duidelijk teken van koppig leven. Het is ondanks alles een heropleving, schuchter nog, maar één die de wil om te leven van de heilige stad bevestigt, de wil om haar een stuk van haar verloren levenskracht terug te geven.

In this wasteland, this tragic décor, this infinity of ruins, a surprise awaits us. There, beside the roads, stretching toward the martyrs' city, barracks rise: black, white, or pink, with their cheerful red roofs. There are hundreds of these, on a long tract from the city's heart to the Place de la Gare, in which dwell the eight hundred Yperians who have remained in the country. These improvised homes are a strong sign of the resilience of life in the wilderness of utter desolation. In spite of everything, this remains a resurrection, timid yet, but affirmative of the urge to live, of the will to return some vestige of its former vitality to this sacred city.

‹ NOT OUR WIPERS ›

De Boterstraat, februari 1919
The Butter Street
La rue au Beurre

Chatting with several coming back, the impression gained was that Ypres was disappointing. "It was not OUR Wipers", this remark by an ex-London Tommy was an apt description of the impressions of many. We knew Ypres as a ghastly place and shell-torn rubble, a place where murder came from the skies at all angles and it was that Ypres to which our sacred memories cling – not the present Ypres of red-tiled buildings and ghastly yellow bricks! It was this energetic reconstruction of the old town by the Belgians, which disappointed the men who went over on the pilgrimage.

Alfred J. Angel, 'Not "our" Ypres', in *The Ypres Times*, August 1922.

De indruk die we van Ieper kregen was ontgoochelend. "Het was niet ONS Ieper", deze opmerking van een voormalige Tommy uit Londen was een passende beschrijving van de indruk van velen. We kenden Ieper als een akelige plaats van door granaten uiteengereten puin, een plaats waar moord uit alle hoeken uit de lucht kwam, en aan dit Ieper klampten onze heilige herinneringen zich vast – niet aan het huidige Ieper van gebouwen met rode dakpannen en afschuwelijke gele bakstenen! Die energieke wederopbouw van de oude stad door de Belgen ontgoochelde de mannen die aan de pelgrimstocht deelnamen.

À discuter avec des voyageurs de retour d'Ypres, on se rend compte de leur déception. «Ce n'est pas l'Ypres que j'ai connu», se lamente un ex-Tommy londonien, ce qui résume bien ce que beaucoup ressentent. Pour nous, Ypres était un endroit terrible, un amas de gravats causés par les obus, un endroit où la mort venait du ciel, de toutes les directions. C'est le souvenir sacré que nous en gardons. Pas l'Ypres contemporaine faite de bâtiments en briques rouges, ou d'abominables briques jaunes! Cette reconstruction débridée de la vieille ville par les Belges déçoit les hommes qui y vont en pèlerinage.

‹ De Boterstraat, ± 1930
The Butter Street
La rue au Beurre

YPRES
RECONSTRUCTION DE LA PRISON.
ENTREPRISE DE M. ART. PIGEOLET
mars 1921

‹ Heropbouw van de gevangenis, maart 1921

Reconstruction of the prison

Réconstruction de la prison

De ruïnes van de gevangenis, ± 1918

The ruins of the prison

La prison en ruines

Werklui, maart 1921
Workmen
Ouvriers

HOTEL
DES
BRASSEURS
H. VERMEULEN-ROOSE
CHAMBRES
POUR VOYAGEURS
RESTAURANT.
BUFFET-FROID.

Het Stationsplein: *Hôtel de la Gare*, *Hôtel des Brasseurs* en *Skindles*, ± 1919
The Station Square
La Place de la Gare

‹ DE GEWEREN VAN DE SCHIETKRAMEN ›

Openluchtconcert, ± 1924
Open-air concert
Concert en plein air

The annual fair had just opened that morning for a period of three weeks, the second since the War I believe. The stalls and booths and roundabouts practically filled the whole of the Grand Place, and what a hideous collection it all seemed to me. There in that place of all places, with the sad and sombre fragments of the once wonderful Cloth Hall looking down on the garish assembly, its shattered walls which not so long ago echoed to the growl of the guns, and the tramp of countless feet, now threw back the sounds of coarse shouts from the various individuals with something to sell, the shrieking steam whistles, the crack of rifles at the shooting galleries – what a parody!

E.F. Williams. *The Ypres Times*, Vol. 2, No. 2, October 1924.

De jaarlijkse kermis was die morgen net voor een periode van drie weken van start gegaan, voor de tweede keer sinds de oorlog, geloof ik. De stalletjes en kramen en draaimolens vulden zowat de hele Grote Markt, en wat een afschuwelijke verzameling leek het mij allemaal. Daar, in die plaats der plaatsen, waar de droevige en sombere overblijfselen van de ooit schitterende Lakenhallen neerkeken op de opzichtige bijeenkomst, weerkaatsten haar versplinterde muren, die nog niet zo lang geleden het gerommel van de kanonnen en het gestamp van talloze voeten echoden, nu het ordinaire geroep van de diverse individuen die iets te verkopen hadden, gillende stoomfluiten, het geknal van de geweren van de schietkramen – wat een parodie!

La kermesse annuelle avait juste commencé ce matin-là, pour une période de trois semaines, pour la deuxième fois depuis la guerre, je crois. Les étaux, les baraques et les manèges occupaient à peu près toute la Grand Place et tout cela m'est apparu comme une affreuse mascarade. Là-bas, à cet endroit des endroits, où les tristes et sombres restes de la jadis superbe Halle aux draps regardaient de haut cette assemblée tape-à-l'œil, où ses murs éclatés qui reflétaient il n'y a pas si longtemps le grondement des canons et le trépignement d'innombrables pieds, renvoient maintenant les cris ordinaires de divers individus qui ont des choses à vendre, des sifflets à vapeur hurlants, le bruit des stands de tir – quelle parodie!

‹ Tuindagfoor 1937
Funfair
Kermesse

1
2

1 De ruïnes van de Sint-Maartenskerk, 1919
The ruins of the St. Martin's Church
L'église Saint Martin en ruines

2 Het zuidelijke portaal heropgebouwd, ± 1926
The south portal reconstructed
Le portail latéral sud reconstruit

Heropbouw van de Sint-Maartenskerk, 3 februari 1926 ›
Reconstruction of the St. Martin's Church
Réconstruction de l'église Saint Martin

3-2-26

Pelgrims gaan naar de inhuldiging van de Menenpoort, 24 juli 1927 ›
Pilgrims go to the inauguration of the Menin Gate
Des pèlerins vont vers l'inauguration de la Porte de Menin

‹ FÜR ZEHN MARK KRIEGT MAN ALLES ›

De Grote Markt, ± 1928
The Market Square
La Grand Place

Auf dem Marktplatz staut sich ein Autopark wie vor einer Oper, die grünen und gelben und roten Massenautos, diese fahrenden Bassins, schütte stündlich Tausende von Menschen in die Stadt, ganze Touristenarmeen, die mit lautsprechende Führern die "Sehenswurdigkeiten" (zweithunderttausend Gräber!) betrachten.
Für zehn Mark kriegt man alles, den ganzen Krieg von vier Jahren, die Graber, die grossen Kanonen, die zerschossene Stadthalle, mit Lunch oder Diner und allem Komfort und "nice strong tea" wie auf allen Schildern angeschrieben ist.
In den Hotels spielt Musik, die Kaffeehäuser sind voll, auf und nieder sausen die Autos, die Kodakverschlüsse klappern.

Stefan Zweig, *Berliner Tageblatt*, 16 September 1928.
Der Österreicher Stefan Zweig (1881-1942) schrieb Gedichte, Novellen und machte großen Biographien. Zum aktiven Militärdienst untauglich, wurde er im Ersten Weltkrieg ins Kriegspressequartier versetzt.
Der Krieg machte Zweig zum Pazifisten.

Op de Markt ligt een autoparkeerplaats uitgespreid als voor een operagebouw. Elk uur storten de groene en gele en rode massa-auto's duizenden mensen in de stad, hele legers toeristen, die met luidpratende gidsen de "bezienswaardigheden" (tweehonderdduizend graven) aangapen. Voor tien mark krijgt men alles, de hele oorlog van vier jaar, de graven, de grote kanonnen, de stukgeschoten Hallen, met lunch of diner en alle comfort en "nice, strong tea", zoals het op de uithangborden staat. In de hotels speelt de muziek, de café's zijn vol, de auto's razen op en neer, de kodaksluiters klikken.

The market is transformed in a parking space as if it were for an opera. Green, yellow, red cars of the masses pour each hour thousands of people out in the city; entire tourist armies seeing the 'sights' (two hundred thousand graves) with shouting guides. For 10 Mark one can see it all: the whole war of four years, the graves, the big guns, the town hall shot to pieces, with lunch or dinner and all comfort and nice strong tea as mentioned on all signboards. In the hotels music is played, the tearooms are full, cars are whizzing from and to and Kodak shutters are clicking.

Ypres Grand'Place. Les Hôtels.
Yper Groote plaats. De Hotels.
Ypres Market Place. The Hotels.
HOTEL RESTAURANT
VANDER ELST FRÈRES

‹ VREEMDELING IN ONZE EIGEN STAD ›

Vóór de oorlog was de Sint-Maartenskathedraal druk bezocht, vooral van lieden uit Noord-Frankrijk. Ze kwamen met hun motorwagens tot op de markt en lieten ze daar staan terwijl ze kerk en stadhuis bezochten en aldus kreeg de Ieperse markt een uitzicht van bedrijvigheid: heel schuchter en bedeesd nog.
Het was niet zoals nu, sedert wij vreemdelingen geworden zijn in onze eigen stad. Nu staat de markt soms drie kwart vol met auto's: blue Queens van Knokke en red cars van Blankenberge en luxe-auto's van elders, maar allen van de kust en ze gieten over de stad een bonte stoet van bezoekers, die het Engelse gedenkteken komen bezoeken en fotograferen met henzelf erbij, en zich een paar uur lopen te vervelen door de stad.

Caesar Gezelle, *Yper oud en nieuw*, Kortrijk, Jos. Vermaut, 1931.
E.H. Caesar Gezelle (1875-1939) werd in juli 1913 aangesteld tot kapelaan van de Sint-Maartensparochie.

Before the war, Saint Martin's cathedral was well-visited, especially by people from northern France. They drove their motorcars up the market and left them there while visiting the church and the town hall and thus the Ypres market developed an air of activity: very timid and bashful at first.
It wasn't like now, since we have become strangers in our own town. Now, the market is three-quarters filled at times with automobiles: 'Blue Queens' from Knokke, 'Red Cars' from Blankenberge, and luxury saloons from elsewhere, but all of them from the seaside, and they spill over the town a motley parade of visitors coming to see the English Memorial and photographing it with themselves in the frame before loitering through town, bored.

Avant la guerre, la cathédrale de Saint-Martin était beaucoup visitée, particulièrement par des gens venus du Nord de la France. Ils arrivaient avec leurs automobiles jusqu'au marché et les laissaient là-bas pendant qu'ils visitaient l'église et l'Hôtel de Ville. La Grand Place d'Ypres revêtait ainsi une allure d'activité : mais encore très hésitante et timide.
Ce n'était pas comme maintenant, depuis que nous sommes devenus des étrangers dans notre propre ville. À présent, la Grand Place est parfois remplie aux trois quarts de voitures: des blue Queens de Knokke et des red cars de Blankenberge et des voitures de luxe venues d'ailleurs, mais toutes de la côte et elles déversent dans la ville un défilé bigarré de visiteurs, qui viennent visiter le mémorial anglais et qui le photographient avec eux-mêmes devant et qui déambulent quelques heures dans la ville avec un air d'ennui profond.

1

2

1 De oostzijde van de Grote Markt en de ruïnes van het Onze-Lieve-Vrouwgasthuis, ± 1921
The east side of the Market Square and the ruins of the Hospice of Our Lady
La côté est de la Grande Place et les ruins de l'Hôpital Notre-Dame

2 De hotels op de Grote Markt, 1927
The hotels on the Market Square
Les hôtels sur la Grand Place

Zaterdagmarkt, 1935
Saturday market
Marché du samedi

Zaterdagmarkt, 1935
The Saturday market
Marché du samedi

De Loskaai: eindpunt van het kanaal IJzer-Ieper, ± 1900
The Loading Quay: the end point of the Ypres-Yser Canal
Le Quai: point d'arrivée du canal Ypres-Yser

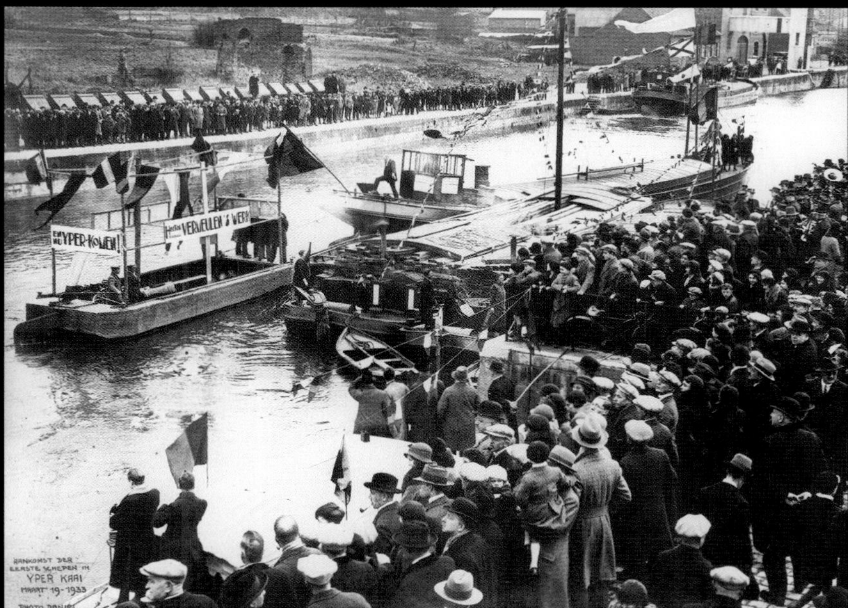

1

2

3

De Loskaai, ± 1918 1
The Loading Quay
Le Quai

Inhuldiging, 19 maart 1933 2
Inauguration
Inauguration

De Loskaai, ± 1935 3
The Loading Quay
Le Quai

Menenpoort en Menenstraat, 1919
Menin Gate and Menin Street
Porte de Menin et rue de Menin

De Menenstraat, ± 1935
The Menin Street
La rue de Menin

‹ DEN TODEN
OHNE JEDEN
UNTERSCHIED
VEREWIGT ›

De bouw gezien vanuit de Frenchlaan, ± 1925-26
Work on the Gate, seen from the boulevard French
La construction, vue de l'avenue French

‹ Werkzaamheden onder de grote boog, ± 1926

Work in progress under the great central archway

Travail sous le grand passage arqué central

Das Meningate ist ein Denkmal also nicht dem Sieg, sondern den Toten, den Opfern dargebracht, ohne jeden Unterschied, den gefallenen Australiern, Engländern, Hindus und Mohammedanern, verewigt in gleichen Massen und in gleicher Grösse; in demselben Stein für denselben Tod. Kein Bildnis des Königs, keine Erwähnung vor Siegen, keine Kniebeuge vor genialen Feldherrn, kein Schwatz von Kronprinzen, Erzherzögen, nur lakonisch grossartige Sterninschrift: Pro Rege, Pro Patria!
In dieser wahrhaft römischen Einfachheit wirkt dieses Grabmal der Sechsundfünfzigtausend erschütternder als alle Triumphbogen und Siegesdenkmäler, die ich jemals gesehen, und diese Erschütterung mehrt sich noch am Anblick, der immer wieder neu gehäuften Kränze der Witwen, der Kinder, der Freunde. Denn eine ganze Nation pilgert alljährlich zu dieser gemeinsamen Grabstätte der unbegrabenen und verschollenen Soldaten.

Stefan Zweig, *Berliner Tageblatt*, 16 September 1928.
Der Österreicher Stefan Zweig (1881-1942) schrieb Gedichte, Novellen und machte großen Biographien. Zum aktiven Militärdienst untauglich, wurde er im Ersten Weltkrieg ins Kriegspressequartier versetzt. Der Krieg machte Zweig zum Pazifisten.

De Menenpoort is een gedenkteken, niet opgedragen aan de overwinning, maar aan de doden – de slachtoffers – zonder enig onderscheid, voor de gevallen Australiërs, Engelsen, hindoes en moslims die allen op dezelfde manier onsterfelijk zijn gemaakt, in dezelfde letters, op dezelfde steen, vanwege dezelfde dood. Hier vind je geen beeltenis van de koning, geen vermelding van overwinningen, geen beschouwingen over geniale generaals, geen onzin over aartshertogen en prinsen: alleen de lakonieke, nobele opschriften: Pro Rege, Pro Patria!
In zijn oprechte Romeinse eenvoud is dit monument voor de zesenvijftigduizend indrukwekkender dan enige triomfboog of overwinningsmonument dat ik ooit heb gezien, en zijn indrukwekkendheid wordt nog verhoogd door het zicht van de talrijke kransen die er voortdurend worden gelegd door weduwen, kinderen en vrienden. Want een hele natie maakt ieder jaar haar bedevaart naar dit gemeenschappelijk graf van haar onbegraven soldaten.

The Menin Gate is a memorial, offered not to victory, but to the dead – the victims – without any distinction, to the fallen Australians, English, Hindus and Mohammedans who are immortalized to the same degree, and in the same characters, in the same stone, by virtue of the same death. Here there is no image of the King, no mention of victories, no genuflections to generals of genius, no prattle about Archdukes and Princes: only the laconic, noble inscriptions: Pro Rege, Pro Patria.
In its really Roman simplicity this monument to the fiftysix thousand is more impressive than any triumphal arch or monument to victory that I have ever seen, and its impressiveness is still further increased by the sight of the heaps of wreaths constantly being laid there by widows, children and friends. For a whole nation makes its pilgrimage every year to this common tomb of its unburied and unreturning soldiers.

FARRELL F.A.
HARRAP E.M.
HARRAP J.W.
PERRY W.E.E.
SAWYER J.L.
STEVENS A.B.
WILSON J.T.
PRIVATE
ADAMTHWAITE H.
ANDREWS C.
BERRY J.W.
BRIESE A.O.
BURNS W.
BUTCHER G.
CAHILL F.P.
COCHRANE A.V.
COHEN J.
CROSSMAN W.R.
DALE W.H.
DARNEDT J.J.E.
DENT A.J.
DOWDLE T.J.
DUFFY J.A.
FERGUSON A.
FIELD R.T.W.
FLETCHER J.
FRASER J.
GIBBETT A.H.
GRAUBIN J.G.
McCONNELL A.
MASON S.M.
MAYBERRY C.J.
MIDDLETON W.
MUXWORTHY A.A.
PARKER H.H.
PATTERSON R.A.
PAULL W.L.
PEARCE C.
PHILIP J.F.
REYNOLDS W.R.
ROBINSON R.W.
RUSSELL J.A.
RUST W.H.
RYAN E.
RYAN T.F.
SAYER P.T.
SHERIDAN P.D.
SHOEBRIDGE H.G.
SKINNER A.
SLATTER T.J.
STEWART W. 993
STEWART W. 2797A
SUMMERS W.J.
SWINFIELD L.A.
TOWNROW T.C.
TREZISE R.
WADE W.R.
WENT A.E.
WOOLHOUSE A.
60TH BN AUSTRALIAN INF.
PRIVATE
EVANS J.E.
HORDERN A.C.
BUCKINGHAM J.W.
CHEGWIN A.P.
COATES H.C.
COFFIN A.
COYNE J.
CURREY J.H.
FARRELL A.
FARRELL J.W.
FARTHING W.O.
GANTER C.R.
HARLOCK F.
CAPTAIN
GHENT L.
LIEUTENANT
ANDERSON A.
BOURKE J.J.
CAMPBELL J.D.
COCHRAN F.J.
HAWKES W.R.
LEHMANN B.C.M.
MARTIN N.M.C.
MINIFIE P.C.
REX H.J.
SERJEANT
FRASER T.H.
LANDAMAN A.E.,M.M.
31
FOTO DANIEL LEPER

‹ A LITTLE NAME ON AN ENDLESS WALL ›

On my first night in Ypres, I went out to the British War Memorial at the Menin Gate. The rain fell in sheets at either end of the tunnel-like building. There was not another person in sight. A hundred feet above my head was an arched roof. Mist filled the air. I stood my bike against the kerb. Inscribed on the lighted walls were the names of more than 58,000 men: "Here are recorded the names of officers and men who fell in the Ypres Salient but to whom the fortune of war denied the known and honoured burial given to their comrades in death." I thought of Bunyan: "So they passed over and all the trumpets sounded for them at the other side."
What I wanted to express was inexpressible. I followed the names down the street, gazing at an endless tragedy. For a moment, I felt that there were thousands and thousands of eyes looking down at me, asking why they had to die and what I was going to do about it. My mind did not respond. I felt intense sadness. How horrible, I thought, for life to end with a little name on an endless wall in an empty mist-filled street.

William Woodruff. *Beyond Nab End.* London: Abacus, 2003.
William Woodruff (1916-) is an eminent world historian, but is perhaps most noted for his two autobiographical works *The Road to Nab End* and its sequel *Beyond Nab End.* Both became bestsellers in the United Kingdom.

Op mijn eerste avond in Ieper, ging ik naar het British War Memorial aan de Menenpoort. De regen viel als een gordijn aan elke zijde van het tunnelachtige gebouw. Er was niemand anders te zien. Dertig meter boven mijn hoofd hing een gewelfd plafond. Het was mistig. Ik zette er mijn fiets tegen de stoeprand. Op de verlichte muren stonden de namen van meer dan 58.000 soldaten gegraveerd: "Hier staan de namen van officieren en soldaten die vielen in de Ieperse Saillant, maar aan wie het lot van de oorlog geen eervolle persoonlijke begrafenis gunde zoals aan hun overleden kameraden." Ik dacht aan Bunyan: "Ze zijn dus heengegaan en al de trompetten klinken voor hen aan de andere kant."
Wat ik wou uitdrukken is niet te verwoorden. Ik overliep de namen in de straat, starend naar een eindeloze tragedie. Gedurende een ogenblik, voelde ik duizenden en duizenden ogen naar mij neer kijken met de vraag waarom ze moesten sterven en wat ik er zou aan doen. Mijn geest vond geen antwoord. Ik voelde intens verdriet. Hoe vreselijk, dacht ik, om je leven te eindigen als een kleine naam op een oneindige muur in een lege, mistige straat.

Au soir de ma première journée à Ypres, je suis allé au Mémorial de guerre britannique de la Porte de Menin. La pluie tombait dru sur chacune des extrémités de l'édifice en forme de tunnel. L'endroit était désert. Un toit en ogive me surplombait à une centaine de pieds de hauteur. L'air était chargé d'humidité. Je calais ma bicyclette contre le trottoir. Sur les murs éclairés étaient inscrits les noms de plus de 58 000 hommes. «Ici sont inscrits les noms des officiers et des hommes tombés dans le Saillant d'Ypres mais que les hasards de la guerre ont empêchés d'avoir une identité et une sépulture honorable comme leurs camarades dans la mort.» Je pensais alors à Bunyan: «Ils rendirent l'âme et toutes les trompettes de l'au-delà retentirent».
Ce que je voulais exprimer était indicible. Je suivais les noms en descendant la rue, le regard posé sur cette tragédie sans fin. L'espace d'un instant, je crus que des milliers de regards se posaient sur moi, me demandant la raison de leur mort et ce que je comptais faire. J'étais incapable de réagir. Une tristesse démesurée m'envahit. Quelle horreur, pensais-je, que cette vie qui finit avec juste un petit nom sur un mur sans fin dans une rue vide et brumeuse.

‹ Een pelgrim met een krans bij de Menenpoort
A pilgrim with an aureole at the Menin Gate
Un pèlerin avec une couronne à la Porte de Menin

‹ SAD NOTES ›

Drie klaroenblazers in gewone werkkledij, ± 1930
Three buglers in their every-day working dress
Trois clairons dans leur bleus de travail

I was just about to leave when two muffled-up civilians rode up on bicycles. Standing their bikes next to mine, they took out their bugles, removed their caps, and on the stroke of nine sounded the Last Post. The sad notes, echoing against the high vault and the cold stone walls, contained all the sorrow that mankind had suffered since the beginning of time. In two minutes the buglers had come and gone, leaving me alone with the dead. No longer conscious of the rain, I cycled back to my lodgings across the Ypres Salient, past endless cemeteries, wondering how such madness could have occurred.

William Woodruff. *Beyond Nab End*. London: Abacus, 2003.
William Woodruff (1916-) is an eminent world historian, but is perhaps most noted for his two autobiographical works *The Road to Nab End* and its sequel *Beyond Nab End*. Both became bestsellers in the United Kingdom.

Ik stond op het punt om weg te gaan toen twee goed ingeduffelde burgers kwamen aangefietst. Ze zetten hun fietsen naast de mijne, namen hun bugel, deden er de kap af, en klokslag negen weergalmde de Last Post. De sombere noten, echoënd tegen het hoge gewelf en de koude stenen muren, bevatten alle leed dat de mensheid had geleden sinds het begin der tijden. Het duurde geen twee minuten of de klaroenblazers keerden terug, mij alleen latend met de doden. Me niet langer bewust van de regen, fietste ik langs de Ieperse Salient terug naar mijn logies, via een oneindig aantal kerkhoven, mij afvragend hoe een dergelijke waanzin kon plaatsvinden.

J'allais quitter les lieux lorsque deux civils emmitouflés arrivèrent à bicyclette. Rangeant leur vélo près du mien, ils sortirent leur clairon, se découvrirent et, à neuf heures précises, firent retentir la Sonnerie aux Morts. Ces notes mélancoliques, que se renvoyaient la voûte altière et les murs de pierre froids, contenaient tous les malheurs endurés par l'humanité depuis l'aube des temps. Après le départ des deux musiciens moins de deux minutes plus tard, je restais seul avec les morts. Oubliant la pluie, longeant des cimetières sans fin, je pédalais vers mon logis de l'autre côté du Saillant, me demandant comment une telle folie avait pu se produire.

Vergezicht van Ieper, 1952
Panorama of Ypres
Panorama d'Ypres

Herkomst foto's

Antony d'Ypres: p. 42, 57, 62, 166b, 167.

Documentatiecentrum In Flanders Fields, Ieper: p. 6, 7, 8b, 8o, 9b, , 12, 13, 16, 18, 19, 21, 23lb, 23lo, 24, , 25, 27, 30, 32, 33b, 38, 43, 44, 45b, 46, 50, 52, 54b, 55l, 56, 68b, 69, 74b, 75, 84b, 88, 93, 96b, 100, 102, 103l, 105o, 109, 124, 125ro, 126, 132, 139, 140, 142, 145, 150, 152, 153, 155, 156, 159, 161, 162b, 164, 165b, 172o, 174, 177, 180, 181, 183b, 185, 186, 188, 191, 197b, 198, 199, 200, 201, 204.

Foto Daniël, Ieper: p. 197m, 197o, 202.

Imperial War Museum, Londen: p. 36 (Q 57319), 39 (Q 57283), 40 (Q 66146), 41 (Q 66147), 46l (Q 487), 46r (Q 28938), 47 (Q 90313), 54o (Q 61615), 55r (Q 28940), 58b (Q 37870), 58o (Q 57304), 60 (Q 61561), 64 (Q 61631), 67m (Q 28945), 67o (Q61614), 68o (Q 28947), 70o (Q 100412), 71 (E 1403), 74o (Q 90324), 77 (Q 61634), 84o (Q 28962b), 85b (Q 28962c), 85o (Q 61645), 86 (Q 61639), 87b (Q 28961), 87o (61651), 89 (E 1405), 91 (CO 3781), 94o (Q 100351), 95 (Q 100352), 97 (Q 61649), 98 (Q 61660), 105b (E 1124), 106 (CO 469), 108b (CO 701), 108o (Q 10374), 111 (E 4607), 112o (Q 61637), 113 (E 4678), 114 (Q 2996), 115 (Q 2865), 116b (E 700), 116o (E 1407), 117 (Q 1889), 118 (Q 28949), 119 (E 748), 120 (E 1404), 125lo (Q 28948), 127r (CO 2157), 136 (E 1122), 143 (Q 17455, 46637, 61637), 146 (E 1258), 149 (Q 100411), 154 (Q 90310), 157 (Q 43425), 162o (Q 100485), 166o (Q100367), 171 (Q 100481), 175 (Q 100344, 100380).

Paul Vandenbussche, Loppem: p. 20, 23ro, 33m, 33o, 34, 48, 49, 66, 70rb, 72, 73, 76, 78, 79, 80, 82-83, 90, 92, 96o, 101, 103r, 122, 123, 127l, 129, 130, 131, 133, 134, 135, 137, 138, 141, 148, 165m, 165o, 169, 172b, 172m, 178, 187, 189, 192b.

Stadsarchief, Ieper: p. 17, 22, 28, 29, 67b, 125b, 160, 182, 183o, 194, 195, 206.